KIM GWANG SEOK
GUITAR SCORES

김광석, 우리들의 삶을 노래하다

아티스트송북

김광석

-GUITAR-

score

아티스트 소개

가수 김광석 그의 이름은 다양한 감정을 불러일으킨다. 명징한 목소리로 정갈한 음악을 선보이던 '무대 위의 주인공'이자 석연치 못한 이유로 너무 일찍 세상을 등진 '아쉬운 이'이기 때문이다. 특히 2017년에 개봉한 영화 '김광석'은 대중의 뇌리에 더 큰 그리움을 남겼다. 그가 세상과 작별한 지 20년이 훌쩍 넘었지만, 사람들은 지금도 그의 노래와 함께 호흡하고 있다.

김광석은 1964년에 대구에서 태어났고, 1982년에 대학생이 되었다. 이때부터 그의 본격적인 노래 인생이 시작되었다. 김광석은 새내기 때부터 노래 모임에 들어가 열심히 목청을 높였고, 얼마 후 민중가요 노래패로 잘 알려진 노래를찾는사람들에 적을 두기도 했다. 그렇게 사람들과 어울려 노래를 즐기던 김광석은 그룹 동물원 활동을 하면서 대중의 눈에 들었다. 학교 친구들이 모여 가볍게 시작한 동물원은 1988년에 발표한 두 장의 앨범을 통해 '요주의 인물'로 거듭났다. 여기서 탄력을 받은 김광석은 '프로 뮤지션'이라는 진지한 꿈을 안고 곧바로 홀로서기에 나섰다. 1989년 가을 '솔로 가수' 김광석의 첫 번째 앨범이 나왔다. 더할 나위 없는 신고식에 이어 1991년 초엽에 나온 두 번째 앨범은 스타 탄생을 공언했다. 앨범의 첫 곡 <사랑했지만>이 높은 인기를 견인했다. 그가 부지런히 펼친 소극장 공연도 순식간에 입소문을 탔다. 이후 김광석은 한국 모던 포크의 새로운 기수로서 탄탄대로를 걸었다. 1992년부터 1995년까지 두 장의 앨범과 두 장의 리메이크 앨범을 번갈아 내면서 확실한 자기 위치를 다졌다. <나의 노래>, <일어나> 등 그가 남긴 많은 열창이 걸작으로 남았다. 1996년이 될 때까지 김광석은 그렇게 고공비행을 했다.

그러나…. 고인이 되기 전까지, 김광석은 정말 열심히, 꾸준히 노래를 불렀다. 스튜디오와 공연장을 종횡무진 오가며 살았다. 그 과정에서 남은, 스무 살도 더 된 노래들이 지금 우리 곁에 남았다. 그 흔적과 궤적을 정리한 책이 바로 이 기타 악보집이다. 50곡이 넘는 긴 노래 목록은 김광석의 진실한 음악 세계를 이해하고 즐기기에 전혀 부족하지 않다. 정규 앨범 4장을 거의 오롯이 아울렀을 뿐 아니라 다른 기회에 모습을 드러낸 명곡들도 빠짐없이 챙겼기 때문이다. <사랑했지만>, <너무 아픈 사랑은 사랑이 아니었음을>, <서른 즈음에>처럼 '김광석' 하면 자동으로 떠오르는 노래들은 기본이요, 비교적 덜 알려진 노래들도 기본이다. 앨범 포맷으로 따지자면 '컴플리트 베스트'나 '박스 세트'를 방불케 한다. 이와 함께 본 악보집은 명창작자들의 명곡을 두루 확인할 수 있는 보고이기도 하다.

김광석은 훌륭한 싱어송라이터인 동시에 훌륭한 해석자였다. 다른 작곡가의 작품을 받아들이고 소화하는 데 거리낌 없었다. 강승원, 김창기, 김형석, 노영심, 한동준, 한동헌 등 한국대중음악사에서 중요한 창작자로 꼽히는 이들이 한데 모인 이유가 바로 여기에 있다. 미국의 전설 밥 딜런의 노래를 번안한 <두 바퀴로 가는 자동차>, 대선배 김민기가 작곡한 <친구>는 그야말로 만점짜리 덤이다. 지금 김광석의 숨은 사라졌지만, 그의 음악은 음반으로, 파일로, 문자로 남아 있다. 우리는 어디서든 김광석을 만날 수 있다. 지금도 김광석은 우리를 노래하게 하고, 우리는 김광석을 노래한다. 그가 아꼈던 통기타만큼이나 소중한 노래 기록들이 이 한 권 안에 담겨 있다.

대중음악평론가 김두완

목차

그의 노래는 여전히 흐른다.

거리에서

김창기 작사
김창기 작곡

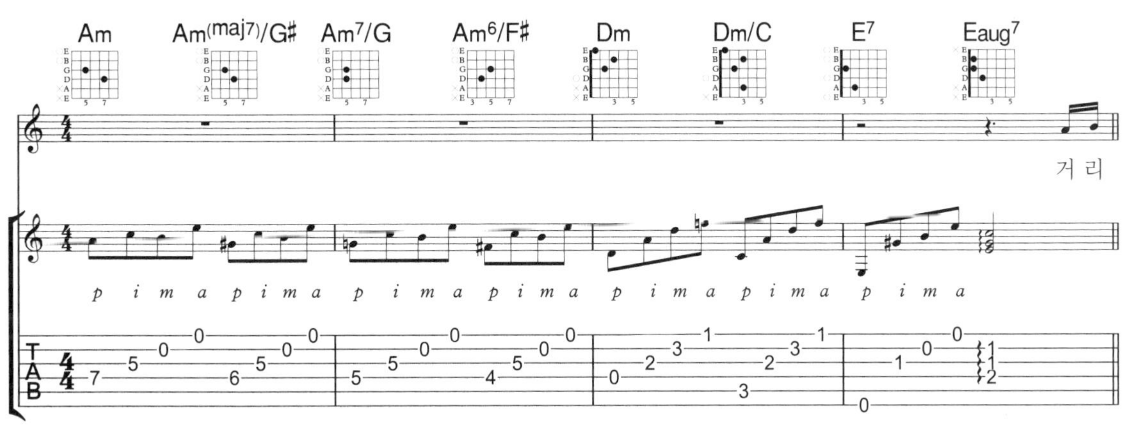

에   비친 내 모 습은-   무얼찾 고 - 있는 지   뭐라
을   - 세 워 - 걸 으며   웃음 - 지려 - 하 여 도   떠나

말 하려 - 해도 -   기억하려 하여도 -   허한눈 길 - 만이 되돌 - 아 와요   그리
가던 그 - 대의 -   모습보일것 - 같아 -   다시돌아보며   눈물 - 흘려요

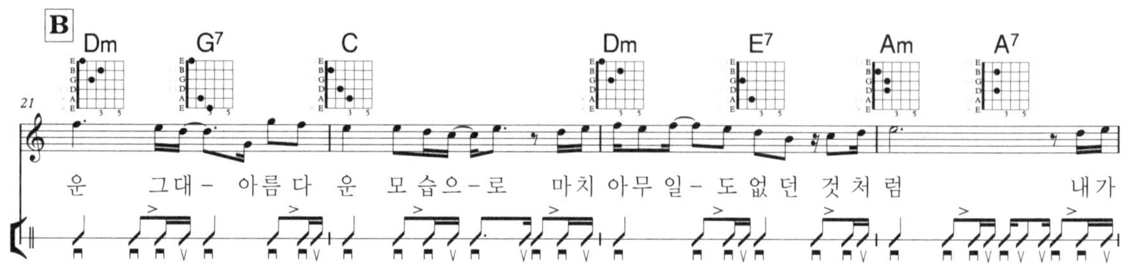

B
운 그대 - 아름다 운 모습으 - 로   마치 아무일 - 도 없던 것 처럼   내가

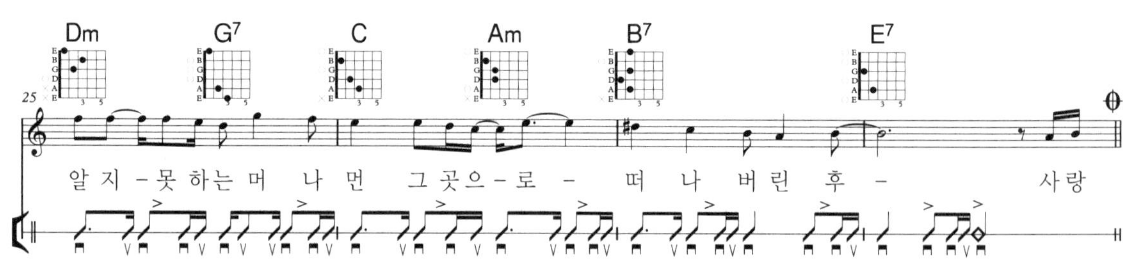

알 지 - 못하는 머 나 먼 그곳으 - 로 - 떠 나 버린 후 -   사랑

C
Am   Dm7   G
의   슬픈 추억은 -   소리없 이 - 흘 어

C   E7   Am   Dm7
셔   이젠 그대 모 - 습도 -   함께 나눈 사랑 도 -   더딘

E7   Am   Dm   G7
시 간 속 에 잊 혀 - 져 가 요

C   Dm   E7   Am   A7

Dm
G7
C
Am
B7
E7
41
거 리
D.S. al Coda
D
Am
Dm
G
45
의
슬픈 추억은 -
소리없 이 - 흩어
C
E7
Am
Dm
48
져
이젠 그대 모 - 습도 -
함께 나눈 사랑 도 -
더딘
E7
Am
E7
51
시간 속에 잊 혀 져가요 -
더딘 시간 속에
잊 혀
져 가 요
5/4

Dm G C Dm E7
55
Am A7 Dm7 G C Am7
58
B7 E7 Am7
61

그건 너의 자신을
사랑하지 않는 때문이야

김창기 작사
김창기 작곡

Medium Tempo

나 누 던 - 그 뜻없는웃 - 음 에 - 도 - 그 어색하게
터 트 린 - 허한웃음 은 - 오래 남 아 - 이렇게늦은
밤 에 도 - 내 귀에 아 - 련 한 - 데 -
그 건 너의 자 - 신을 사랑하지 _ 않 는
때 문 이 야 그 건 너의 마 - 음 이

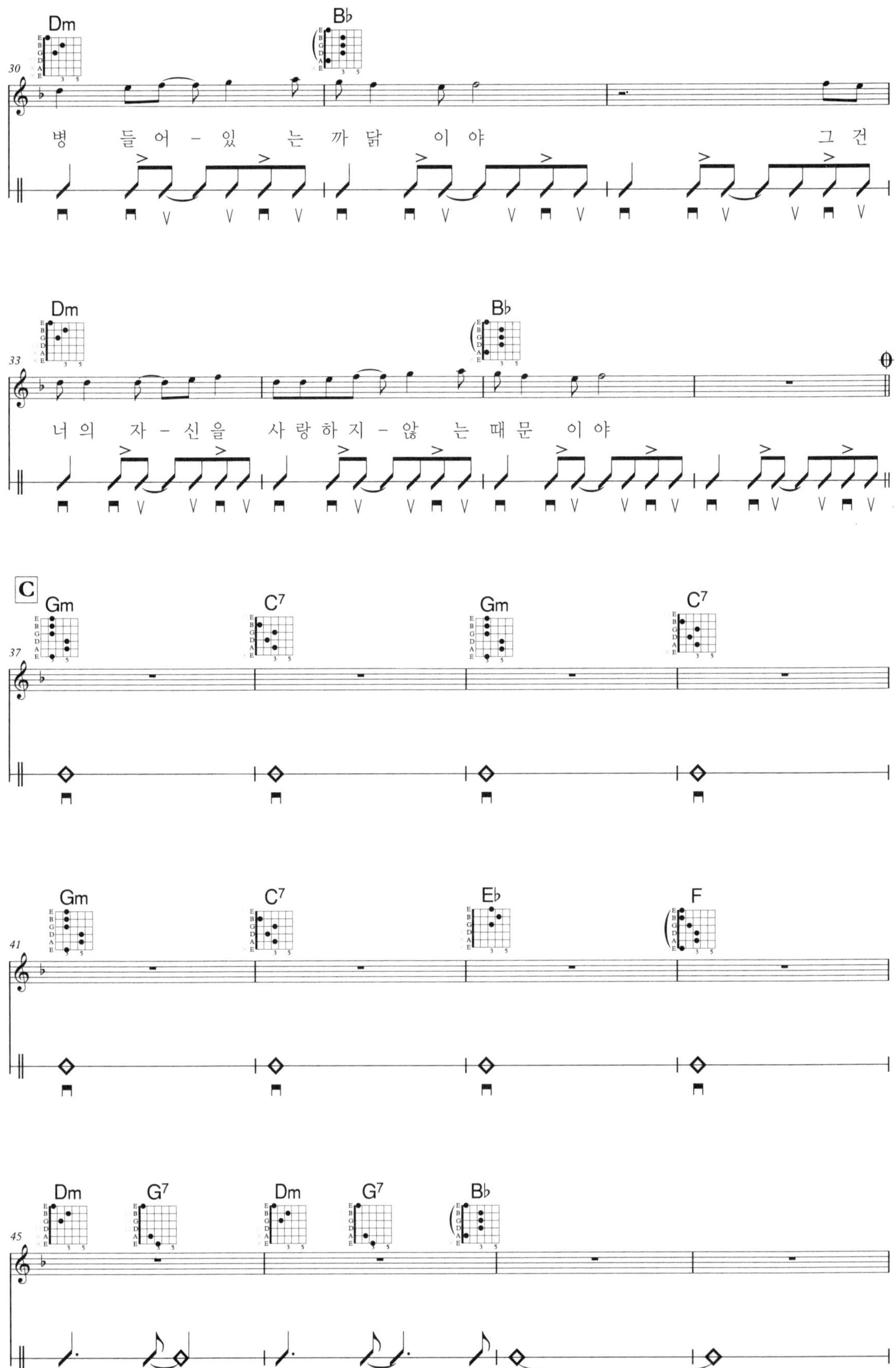
병 들 어 - 있 는 까 닭 이 야 그 건
너 의 자 - 신 을 사 랑 하 지 - 않 는 때 문 이 야

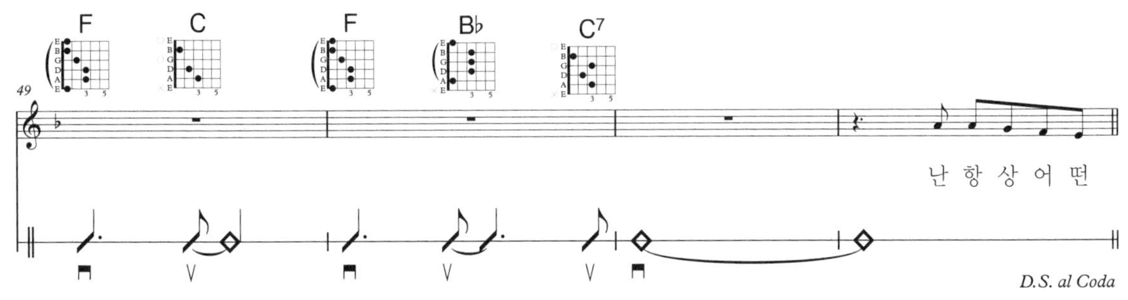
F   C   F   Bb   C7
난 항 상 어 떤
D.S. al Coda

B Dm   Bb
너의 자 - 신을 사 랑하지 - 않 는 때문 이야   그건

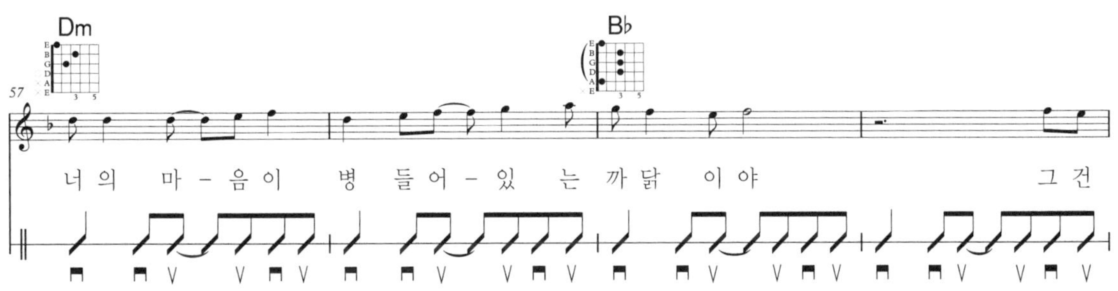
Dm   Bb
너의 마 - 음이 병 들어 - 있 는 까닭 이야   그건

Dm   Bb
너의 자 - 신을 사 랑하지 - 않 는 때문 이야   그건

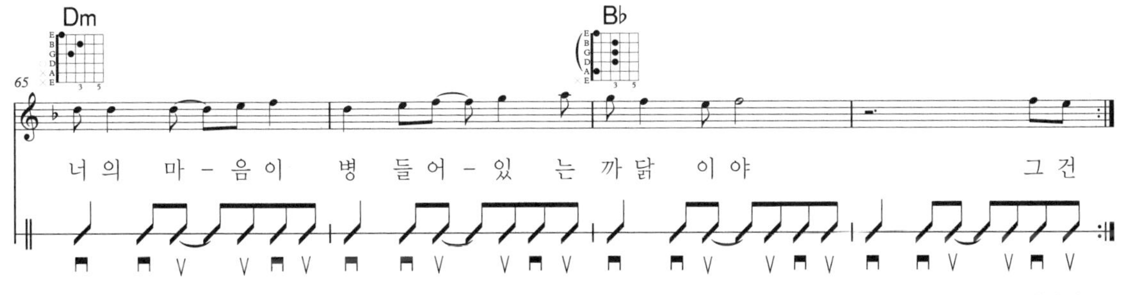
Dm   Bb
너의 마 - 음이 병 들어 - 있 는 까닭 이야   그건
Fade Out

그날들

김창기 작사
김창기 작곡

A
Am Em Am Em
대를 - 생각하는 것 - 만으 - 로 - 그 대를 바라볼수있 - 는 것 만으 - 로 - 그
대는 - 기억조차 못 - 하겠 - 지만 - 이 렇듯 소식조 차알 - 수 없 지만 - 그
F G Am Em 1. Am
대 의음 - 성을 듣는 것만 - 으로 - 도 기쁨을 느낄 - 수 있 - - 었던그날 들 그
대 의이 - 름을 부르는것 만으로 - 도 눈물이 흐르 - 곤했 - - 었던그
2. Am G7 B C G7 E7 Am C
날 들 잊 어야한 - 다면 잊혀지 - 면 좋 - 겠어 - 부질
F G C G C G7 E7 Am C7
없 는아 - 픔과 - 이 별 - 할 - 수 있 - 도록 잊 어야한 - 다면 잊혀지 - 면 좋겠 어 - - 다 - 시

F G 1. C G C G 2. F
돌아올-수 없는그-대-를 - 잇 -를 -
F C G7 Am7
C F G(sus4) G Am7 G7
잇
C C G7 E7 Am C F G
어야한-다면잊혀지-면좋-겠어- 부질없는아-픔과-이 별-할
C G C G7 E7 Am C7
-수 있-도록 잇어야한-다면잊혀지-면 좋겠 어--다-시

F G 1. C G 2. C G7
돌아올-수 없는그-대-를 - 잊 -를 - 그
D Am Em Am Em
대를- 생각하는것-만으로- 그대를 바라볼수있-는것-만으로- 그
렁듯- 사랑했던것-만으로- 그렁듯 아파해야했던 것만으로- 그
F G 1. Am Em Am
대의음-성을 듣는것만-으로-도 기쁨을느낄-수있--었던그날들 그
추억속-에서 침묵해야
2. Am Em Am
만하는- 다시돌아올-수없- 는 그날들

그녀가 처음 울던 날

이정선 작사
이정선 작곡

F   G7   1. C   2. C   Dm   Em
따뜻－한 봄 날 이 었   지   네
눈물－로 얼 룩 이 졌
B F   G   Am   Em   F   C   Dm   G
아무리 괴로 워도 웃던－그녀가   처음으로 눈물흘리던 날
F   G   Am   Em   F   D7   G   F#   G
온 세상 한－꺼번에 무너 지는듯－   내가슴답답했는－데
C C   G   Am   C   F   C
이젠－더 볼 수가없네－   그녀의 웃는모－습

을
그 녀 가 처 음 으 로 울 던 날
내 곁 을 떠 나 갔 다 네

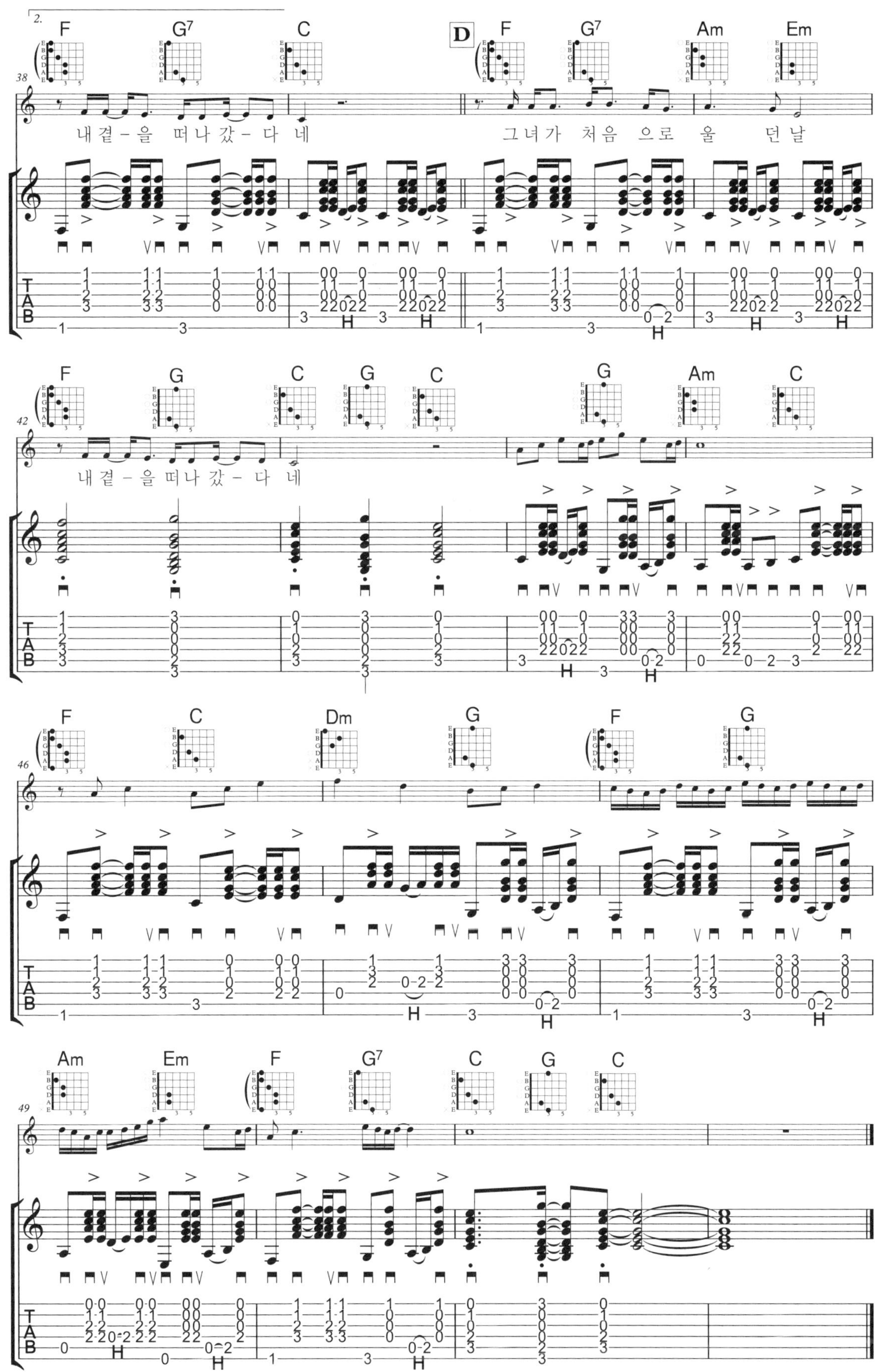
내곁-을 떠나갔-다 네
그녀가 처음 으로 울 던 날
내곁-을 떠나 갔-다 네

광야에서

문대현 작사
문대현 작곡

Slow GoGo

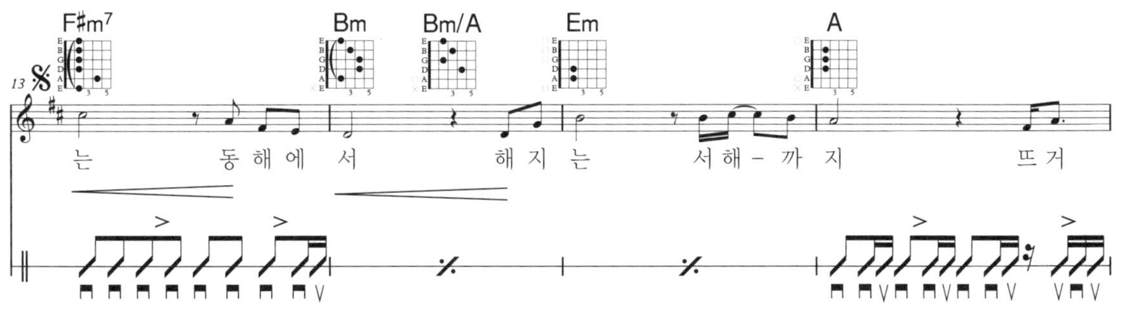

F#m7   Bm   Bm/A   Em   A
는   동해에서   해지는   서해－까지   뜨거

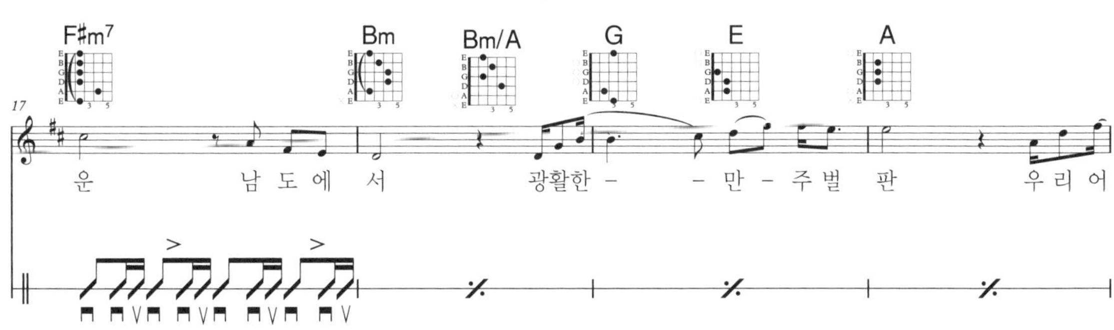

F#m7   Bm   Bm/A   G   E   A
운   남도에서   광활한－－만－주벌판   우리어

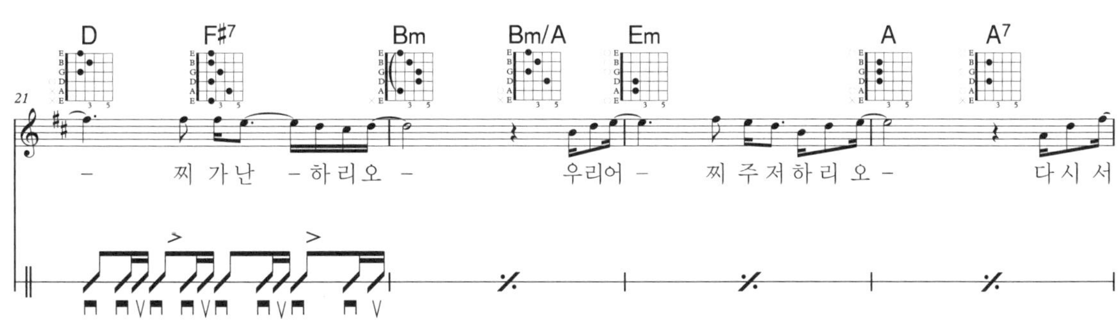

D   F#7   Bm   Bm/A   Em   A   A7
－   찌가난－하리오－   우리어－찌주저하리오－   다시서

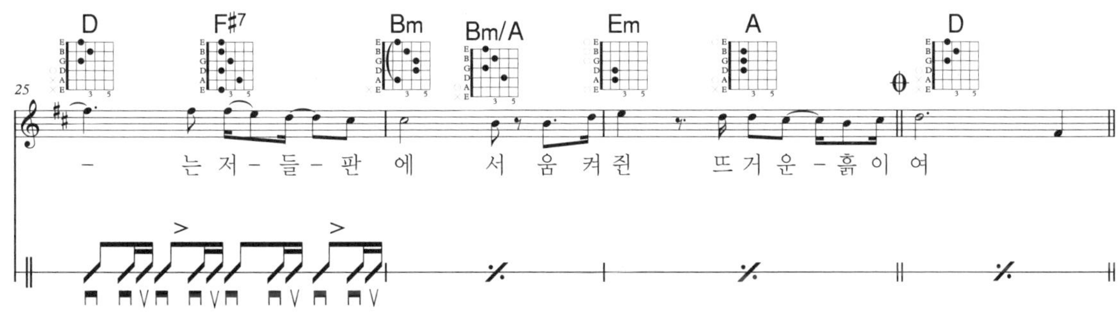

D   F#7   Bm   Bm/A   Em   A   D
－   는저－들－판에   서움켜쥔   뜨거운－흙이여

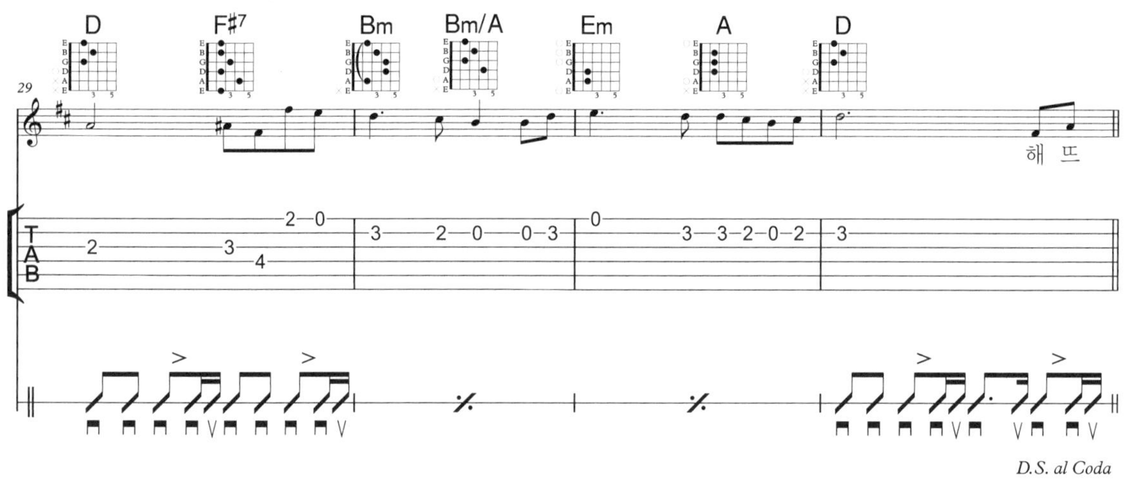

D   F#7   Bm   Bm/A   Em   A   D
29
해 뜨
D.S. al Coda

D   A7   D   F#7   Bm   Bm/A
33
여   다 시 서 –   는 저 – 들 – 판 에   서 움 커

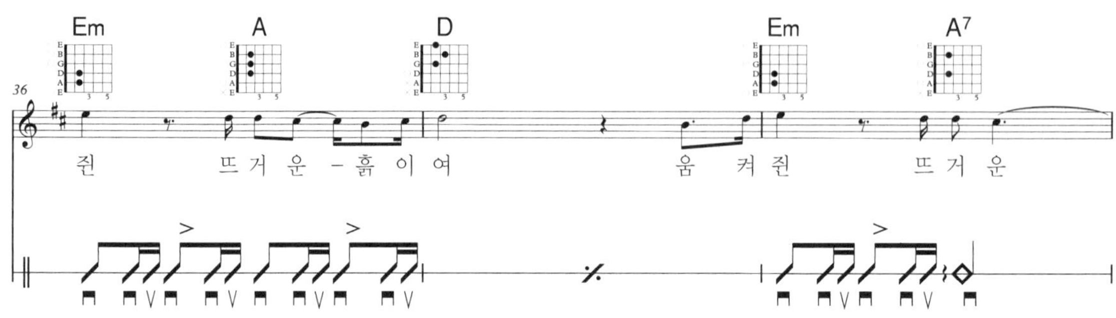

Em   A   D   Em   A7
36
쥔   뜨 거 운 – 흙 이 여   움 커 쥔   뜨 거 운

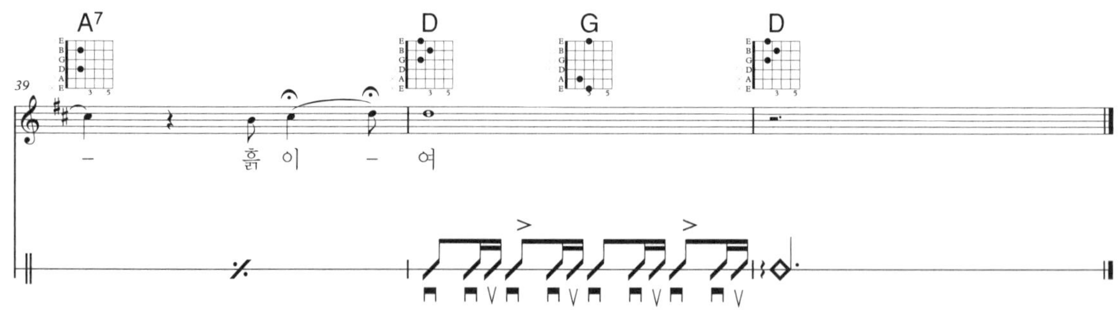

A7   D   G   D
39
– 흙 이 – 여

그대 웃음소리

김광석 작사
김광석 작곡

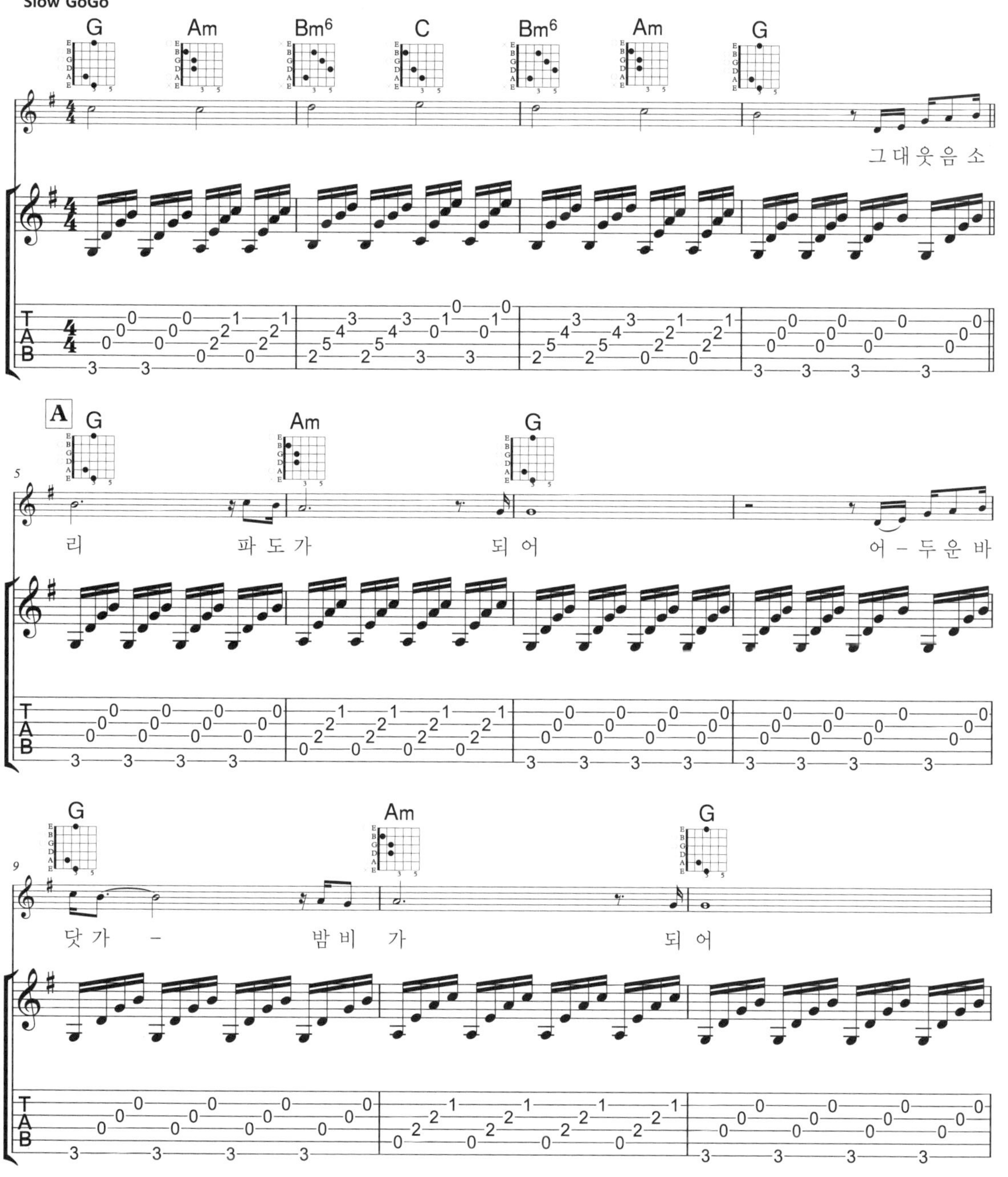

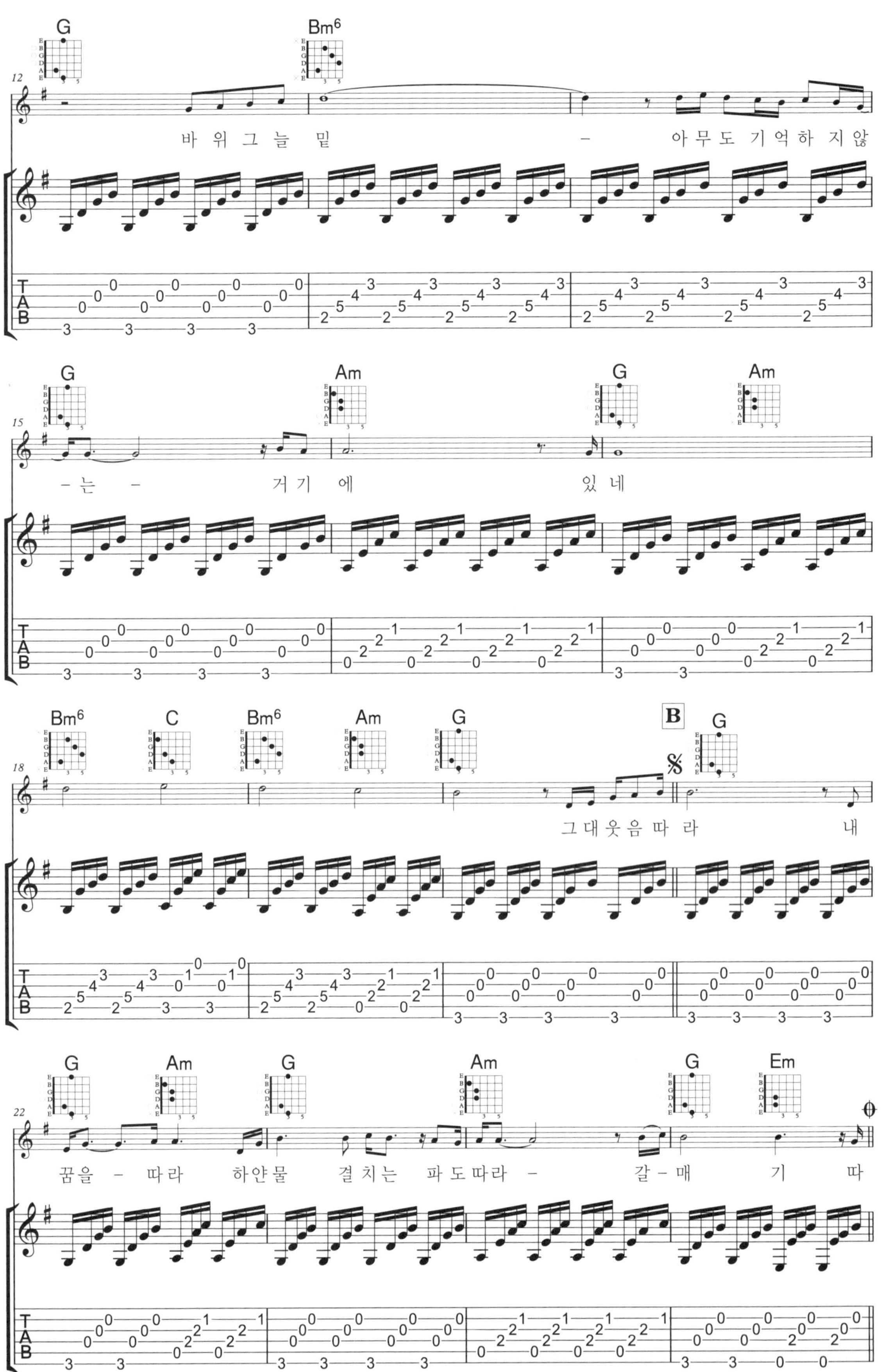

바 위 그 늘 밑 - 아 무 도 기 억 하 지 않
- 는 - 거 기 에 있 네
그 대 웃 음 따 라 내
꿈 을 - 따 라 하 얀 물 결 치 는 파 도 따 라 - 갈 - 매 기 따

라
그대 웃음소리
27

그 대 웃 음 따
라
D.S. al Coda

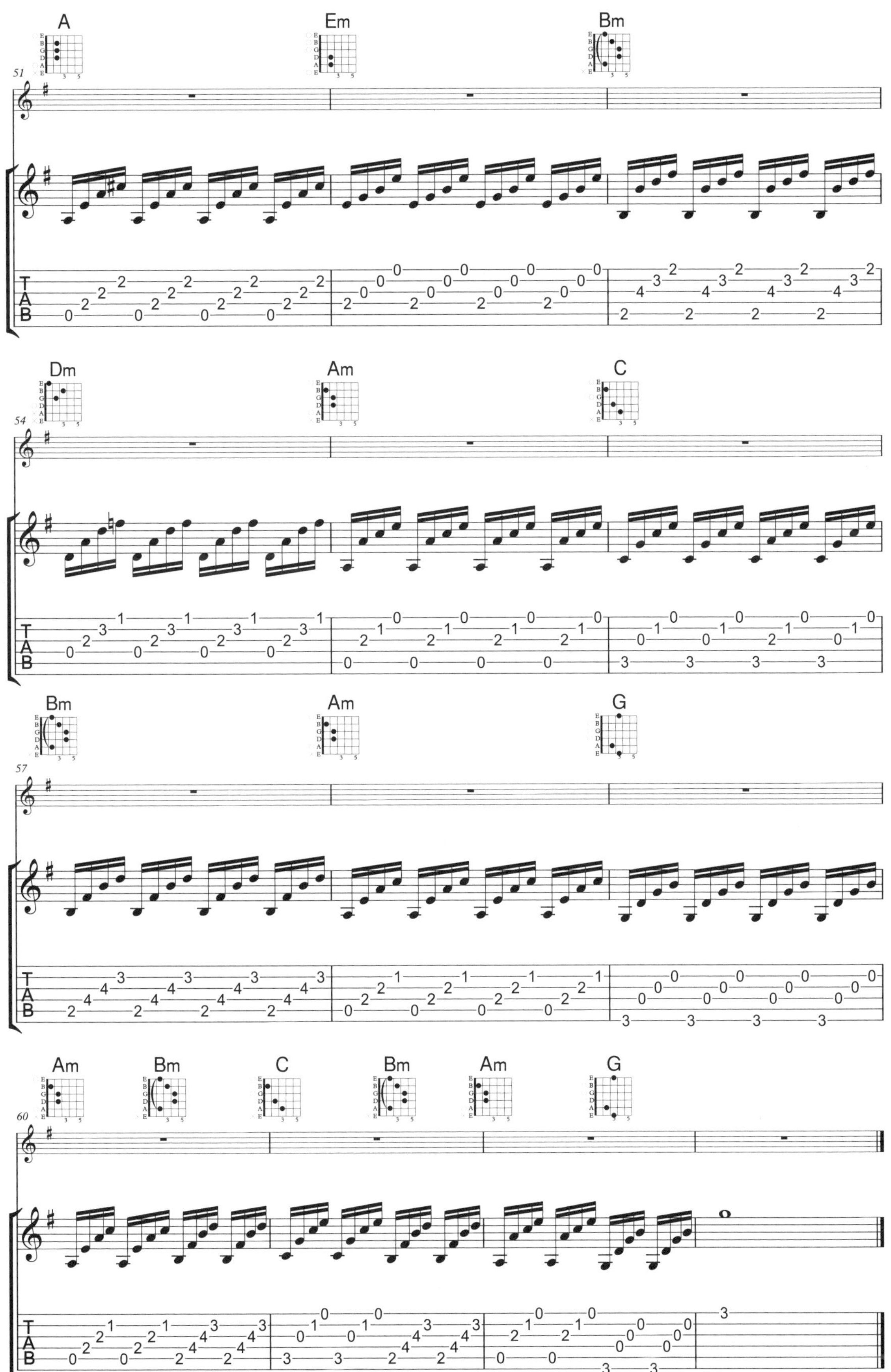

그대가 기억하는 내 모습

한동준 작사
한동준 작곡

난 잊을-수없었지- 모든-걸주었던- 그대-의사 랑을 그러
나 -어느새 그대는 나를잊- 었고- 내가 다 가갈 수록 그대는 멀 어져 가네 이렇
게 쉽-게헤어질 - 우 리-였 다면 지난 긴 세월-동 안- 그리워 하진-않았 - 을 거
쯤 다-시 생각해 - 기 다-리 겠어 그대 가 기억-하 는- 나의
야 한 번 옛 모-습- 으로

그 러
D.S al Coda

기다려줘

김창기 작사
김창기 작곡

Slow GoGo

* 시작 시 상단의 스트로크 패턴을 사용하고 도돌이표 돌아왔을 때 하단 스트로크 패턴을 사용합니다.

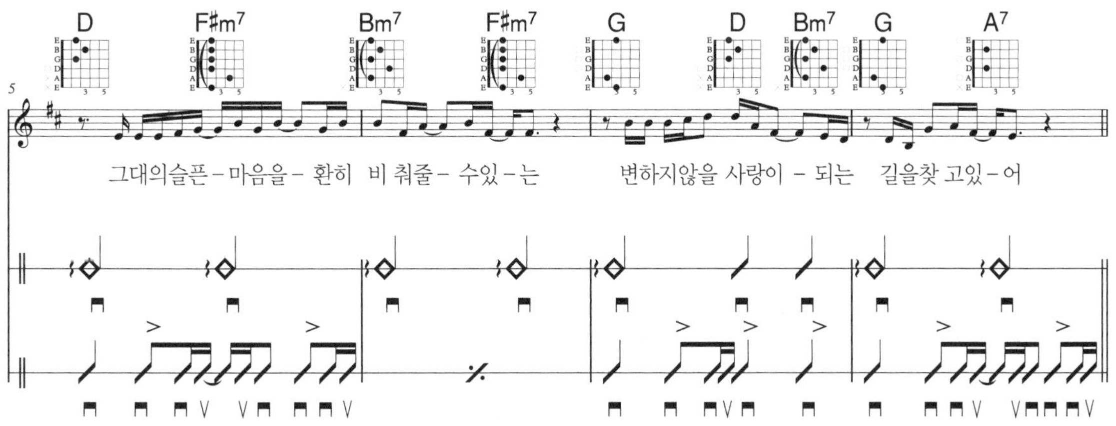

G
A7
언제나 - 멀 리있 는 - 그 대 음 -
C
D
F#m7
G
Gm
기 다려 - 줘 기 다려 - 줘 - 내가그 대를 - 이해 할수있 - 을 때 까지 -
D
F#m7
G
Gm
기 다려 - 줘 기 다려 - 줘 - 내가그 대를 - 이해 할수있 - 을 때 까지 -
1.
D
F#m7
Bm7
A7
G
D
F#m7
Bm7
A7
G

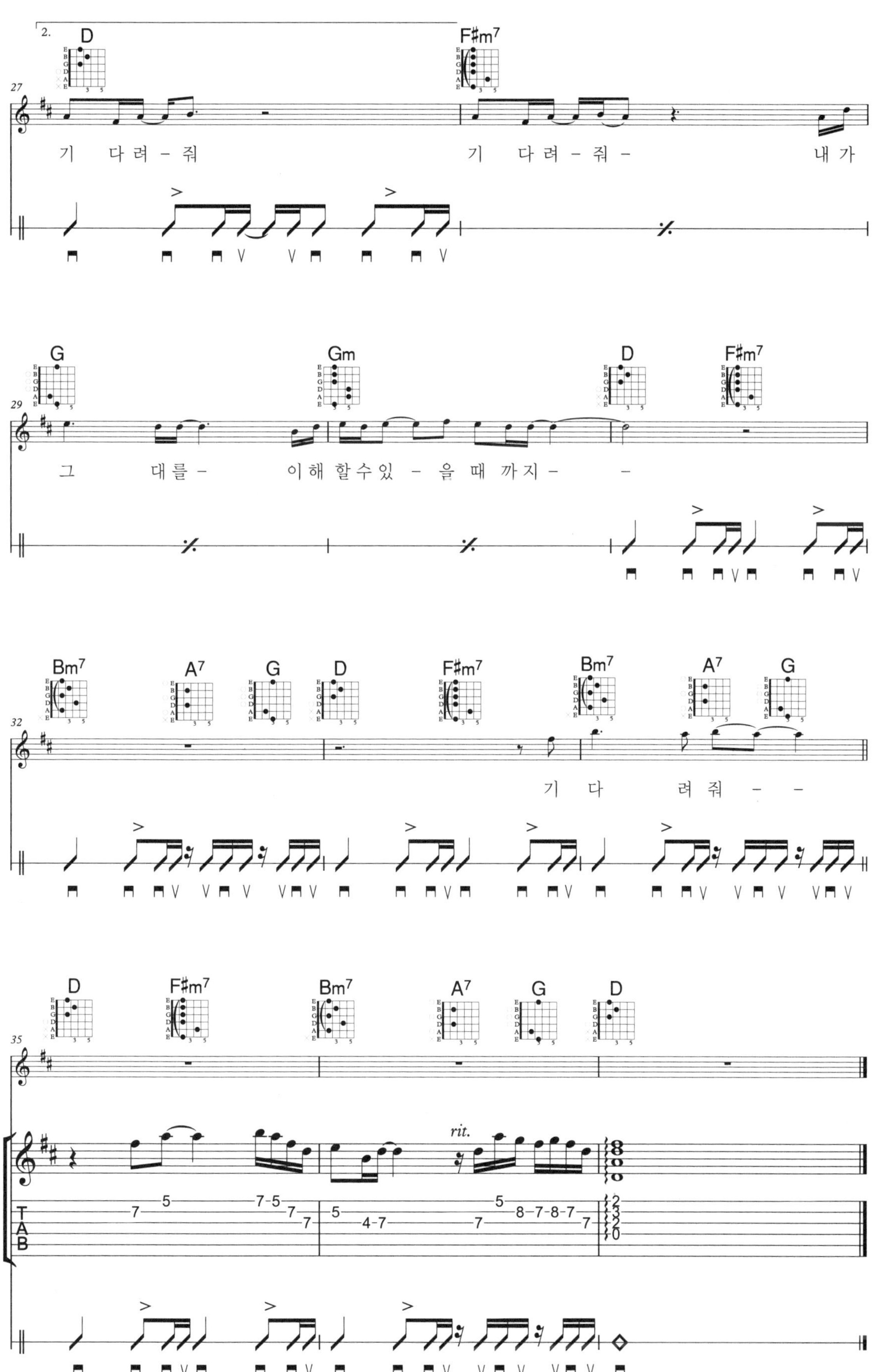
기 다 려 - 줘
기 다 려 - 줘 -
내 가
그 대 를 -
이 해 할 수 있 - 을 때 까 지 -
기 다 려 줘 - -

기대어 앉은 오후에는

유준열 작사
유준열 작곡

꽃 씨 하 나 흘 러 가 듯 - 마 음 에 서 린 설 움 도 떠 나 지 친
회 색 그 늘 에 기 대 어 - 앉 - 은 오 후 에 는 - 파 도
처 럼 노 래 를 불 렀 지 - 만 가 - 슴 은 비 어 - - 그
대 로 인 해 흔 들 리 - 는 세 상

C#7 Bm E7 A F#m
유 리 처 럼 굳 어 잠 겨 있 는 시 간
F#m G#7 C#7
보 다 진 한 아 픔 을 - - - - - 느 껴
Bm E7 A D
Bm C#7 F#m
창 유 리

새로 스미는 햇살이 — 빛바랜 사 진 위를 스칠
되어 다가온 시간이 — 굽이쳐 나 의 곁을 떠나
때 — 오래된 예 감 처럼 일 렁 이는 — 바낭
면 — 빗물에
의 키 작은 나무 들 — 빗물이 꽃 씨 하 나
흘러 가듯 — 마음에 서 린 설 움도 떠 나

꽃

문대현 작사
문대현 작곡

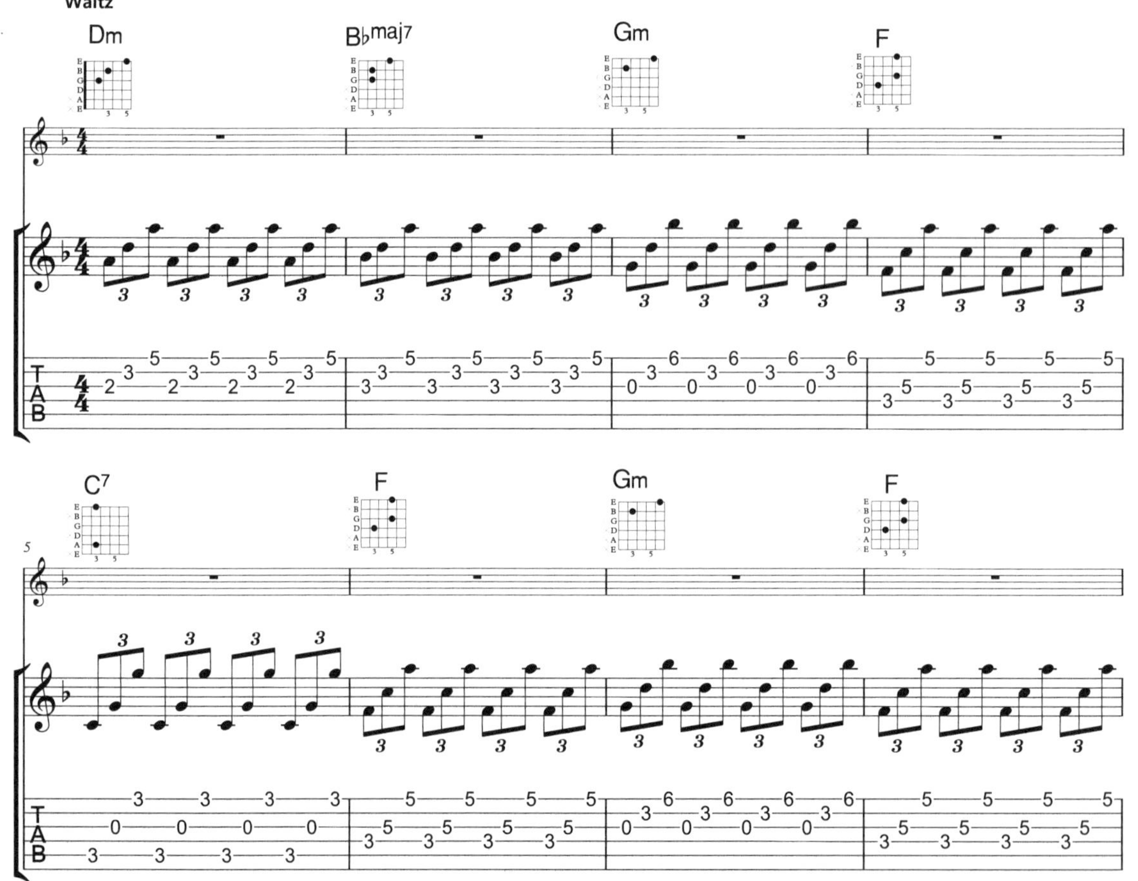

Bbmaj7

A Dm   Em7(b5)   A7   Dm

꽃 이 지 네   사 - 과 들 시 이 로
꽃 이 피 네   산 - 과 들 사 이 로

Dm   Em7(b5)   A7   Dm

꽃 이 지 네   눈 물 같 이 겨
꽃 이 피 네   눈 물 같 이 봄

B Gm   C   F   Dm

울 이 훑 어 간 이 곳 바
이 다 시 돌 아 온 이 곳 그

Gm
C
F
F#dim7
Gm
Em7(b5)
Dm
Dm/C
Gm
A7
Dm
Dm
Bbmaj7
Gm
F
람   만   이   남 은 이 － 곳   에
대   오   지   않은 이 － 곳 에
꽃 이   지 네   꽃   이   지   네
꽃 이   피 네   꽃   이   피   네
산 － 과 들   사   이 － 로   －
산 － 과 들   사   이 － 로   －

C7
F
Gm
F
B♭maj7
D Gm
Em7(♭5)
꽃 이 피 네
D.S. al Coda
Dm
Dm/C
Gm
꽃 이 피 네 ― 산 - 과 들
A7
Dm
사 이 로 ― ―

끊어진 길

이무하 작사
이무하 작곡

A
G   C   G/B   Am
높 푸 른 하 늘   희 고 운 구 름
D/F#   G   D/F#   Em   A   D
먼 산 허 리 휘 돌 아 흐 르 는 강 물
H
G   G/F   C   G/B   Am   D/F#
아 무 말 — 없 어 도   이 젠 알 수 있 지   저
B7   C/E   A   D
부 는 바 람 이   어 디 서 오 는 지   그

길 끊어 진 너 머 로 손 짓하며 부르 네 음 -
음 음 음 - 음 - 음
이
아 름 다 운 세 상 참 주 인 된 삶 을 이

제 우리모 두손 잡고 살 아 가야 해 저
부 는 바람 에 실 려가는 챵긋 한 꽃 내 음 내
깊 은 잠 깨우 니 나 도 따라 가 려 네 그
길 끊 어 진 너 머 로 나 는 가려 네 음

음 음 음 - 음 - 음
내
깊 은 - 잠 - 깨 우 니 나 도 따 라 가
려 - 네 그 길 끊 어 진 너 머 로 나

G/B D G D C Am
67
는 - 가 려 네 끊 어 진 그 길
C D7 G Am
70
너 머 로 끊 이 진 그 길
D G G(sus4) G G(sus4)
73
너 머 로 -
G G(sus4) G G(sus4) G
76

끝나지 않은 노래

김보성 작사
김보성 작곡

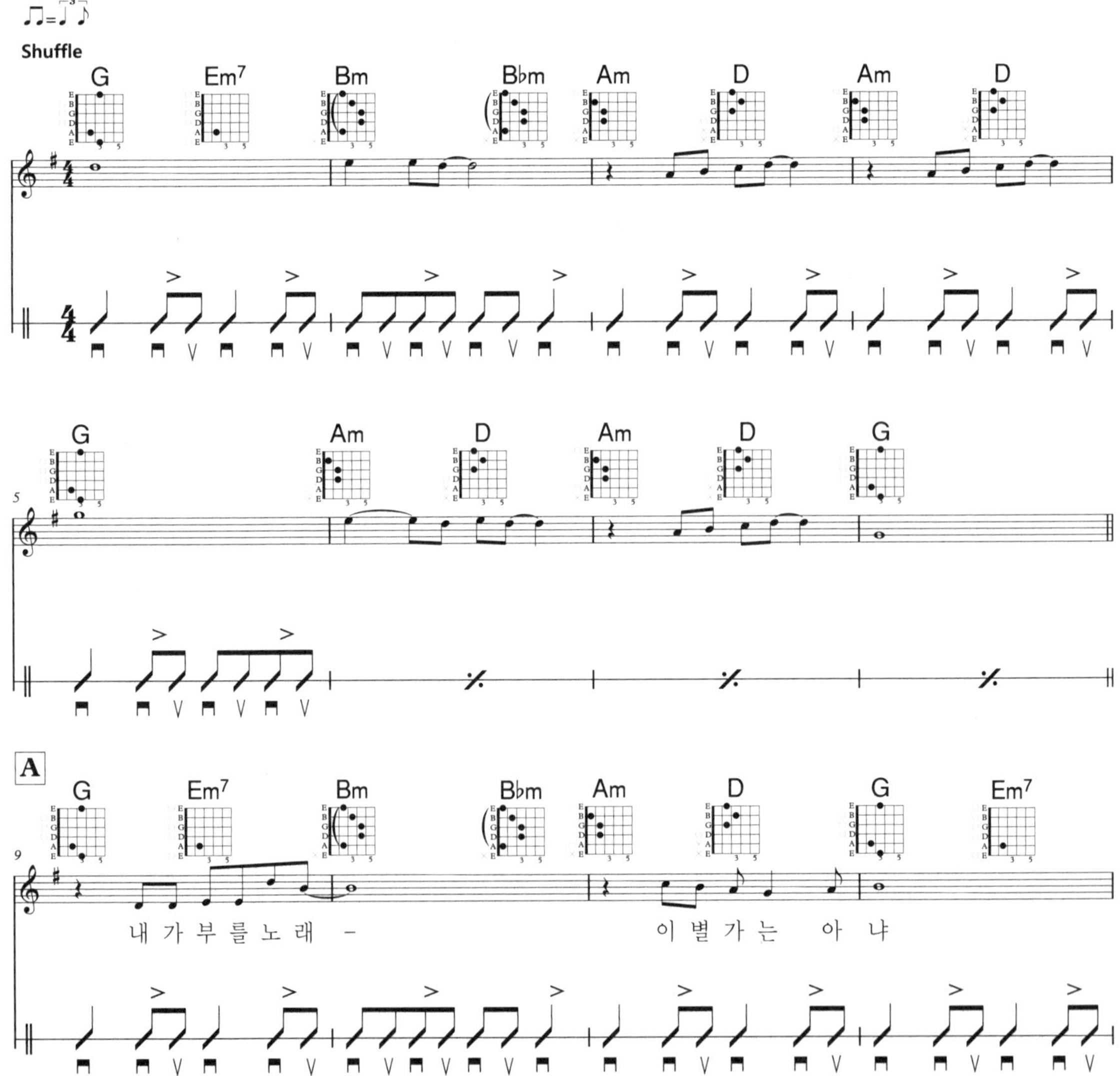

내 눈 점점 멀고 – 내 귀 점점 닫혀 – 빈 가슴으로 –
부 를 뿐 이야 나 혼자서 부를 –
노래가 아 – 냐 어제같은 새벽 – 다시 돌아올 때 –
흔 들어 깨울 – 사랑 노래인 거 야
우린 너무 – 그저 사 – 는 일에 익 숙해 지고 –

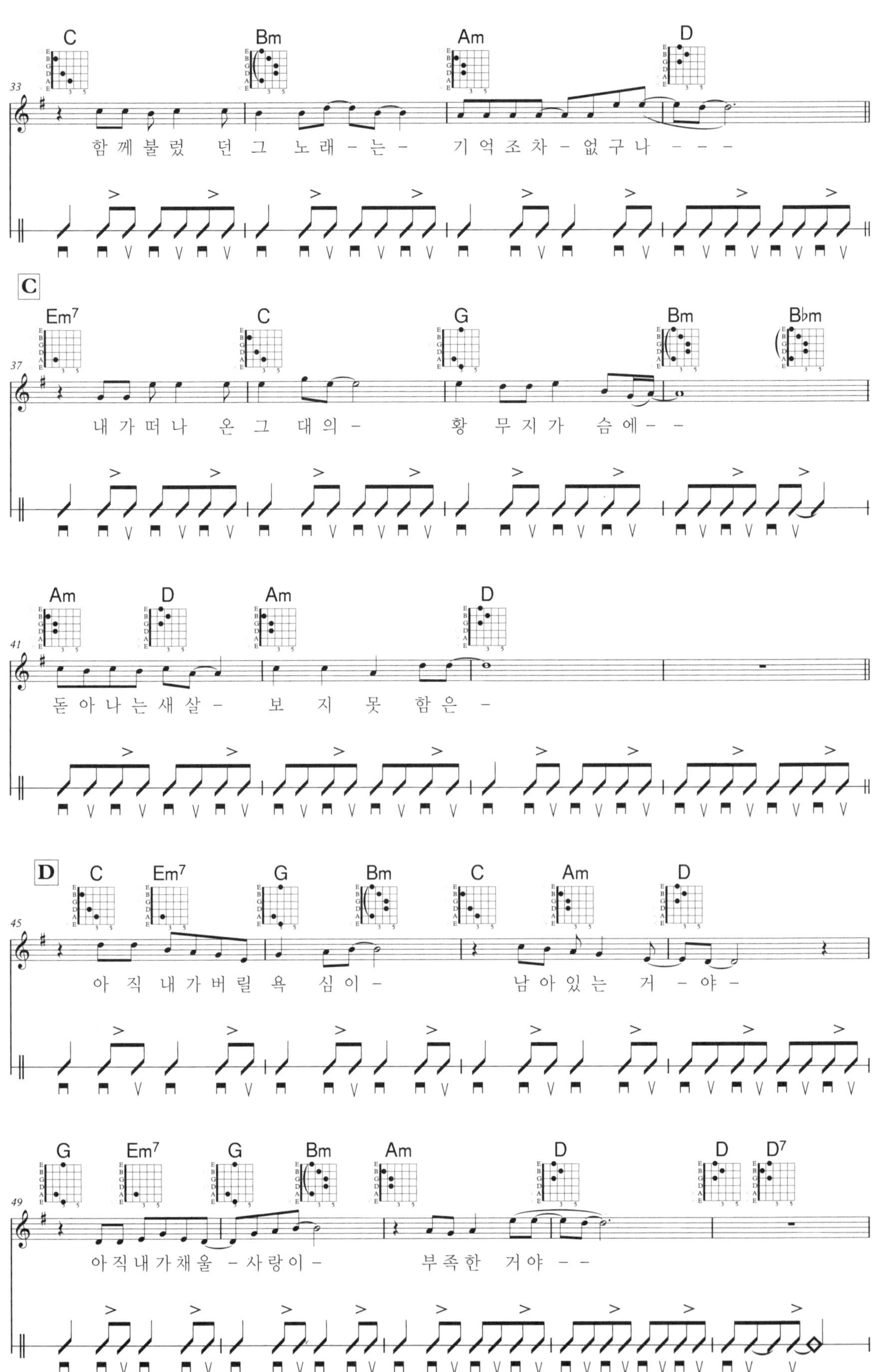

함께 불렀 던 그 노래 - 는 - 기억조차 - 없구나 - - - -
내가떠나 온 그 대의 - 황 무지가 슴에 - -
돌아나는새살 - 보 지 못 함은 -
아 직 내가버릴 욕 심이 - 남아있는 거 - 야 -
아 직 내가채울 - 사랑이 - 부족한 거야 - -

목 놓아부를 거야 -
끝이없는 노 - 래 -
떠난마음들이 - 돌아올때까지 -
그 대를위해
노래부 - 를거 - 야 -

알 게 될거야 - 끝이 없는 노래
내가 버린 나를 - 보 듬어 안고 - 다 시 불러야 할 -
사 랑 노래인 것 - 을 - 다 시 불 러 야 할
- 사 랑 노래인 것 - 을

나무

김융성 작사
한동헌 작곡

한결같은 빗속에- 서서-
젖는 나무를- 보며-
눈부신 햇빛과- 개인하-늘을-
나는 잊 었소
누구하나 나를찾지도-
기다 리지도- 않소
-
오 -

Dm7
Cmaj7
G
C
G
21
C
G
C
G
C
26
B
G
C
G
C
31
한결같은 망 - 각 - 속에 -
나 - 는 움 - 직이지 -
G
C
G
G(sus4)
G
G(sus4)
35
않 아 - - 아 도 좋 소

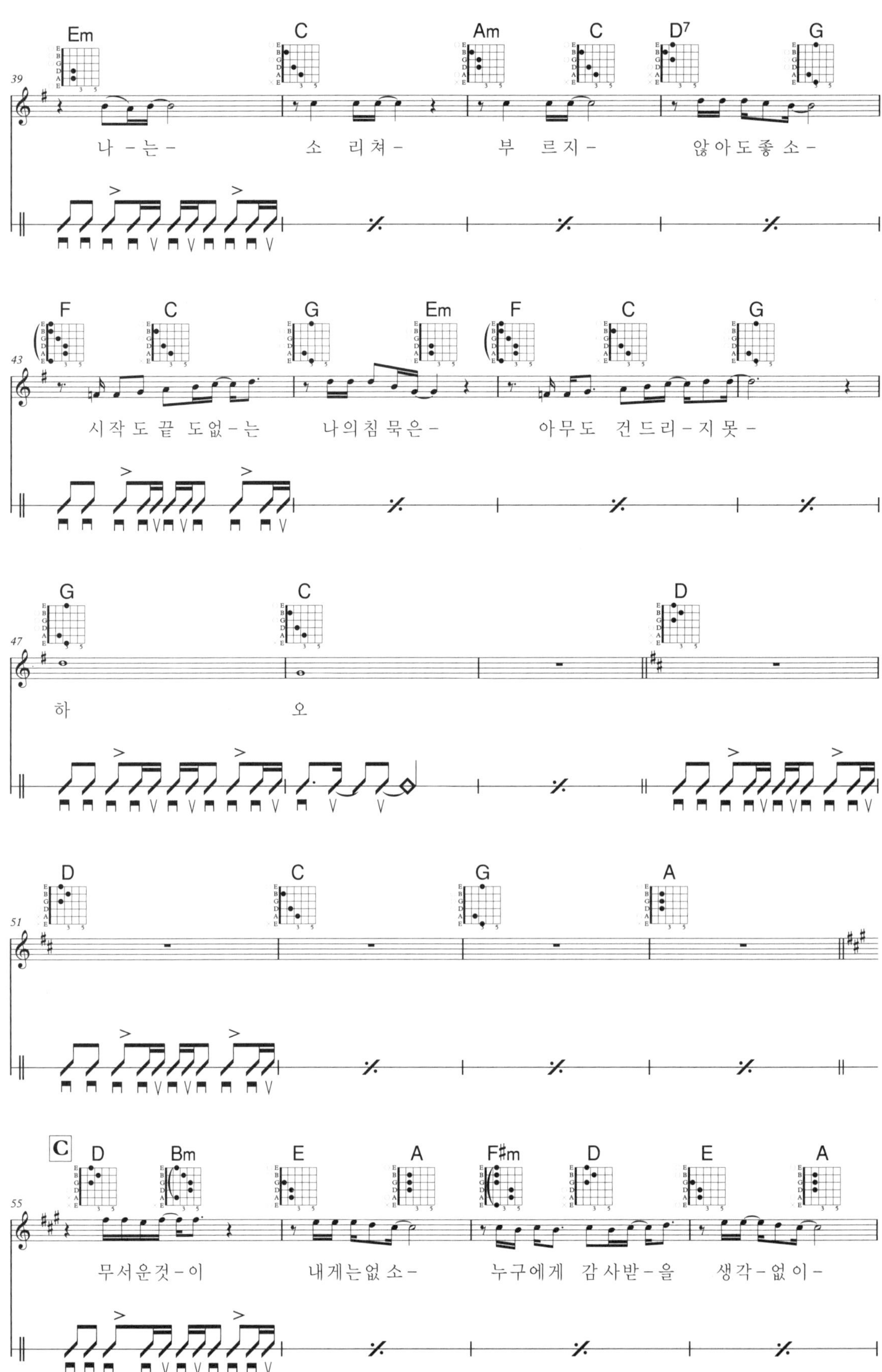

나 - 는 - 소 리쳐 - 부 르지 - 앉아도좋 소 -
시 작 도 끝 도없 - 는 나의침묵은 - 아무도 건드리 - 지못 -
하 오
무서운것 - 이 내게는없 소 - 누구에게 감 사받 - 을 생각 - 없 이 -

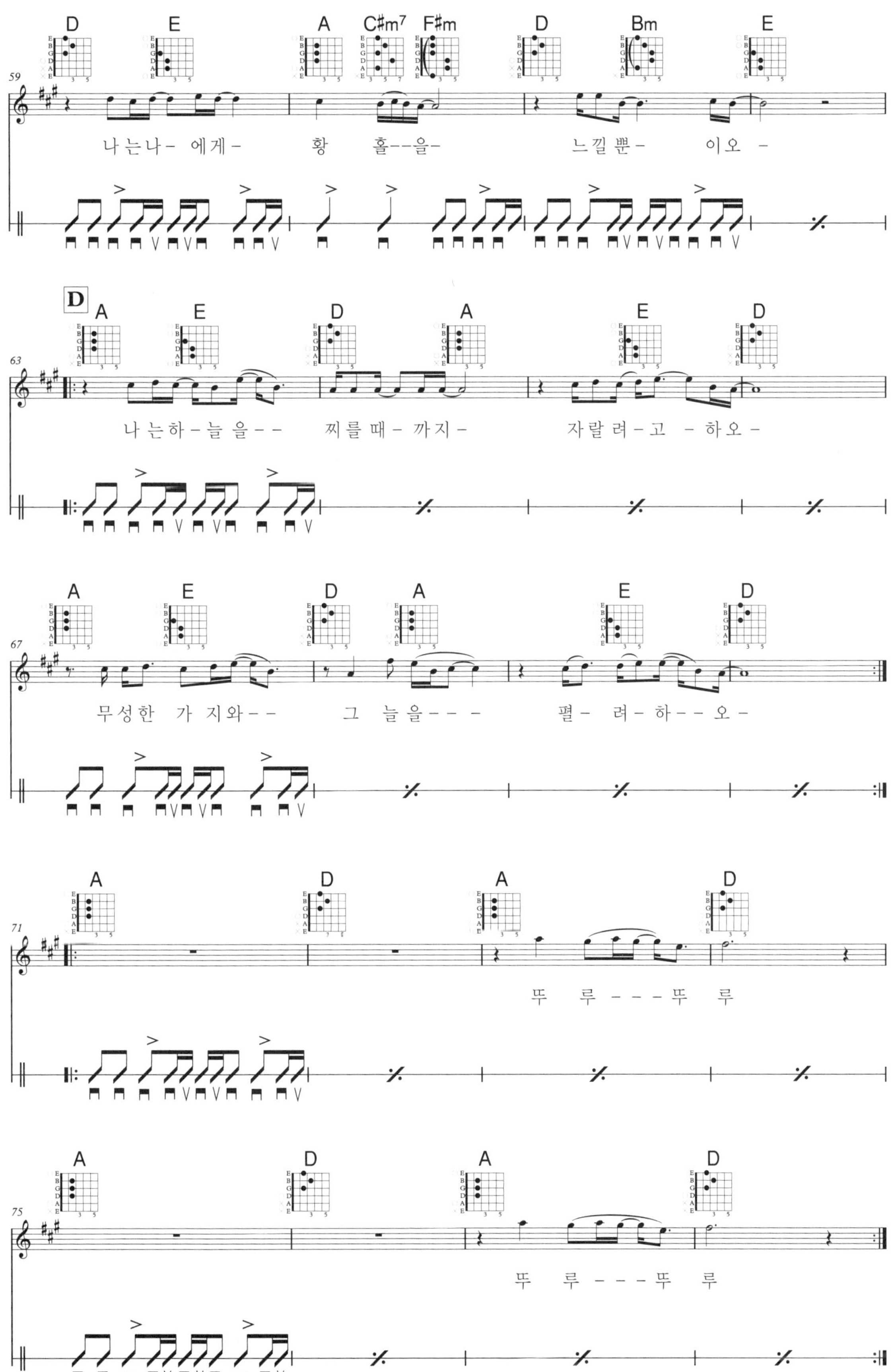

나 는 나 에게 황 홀 을 느낄 뿐 이오
나 는 하 늘 을 찌를 때 까지 자랄 려 고 하오
무성한 가 지와 그 늘 을 펼 려 하 오
뚜 루 뚜 루
뚜 루 뚜 루

나른한 오후

김광석 작사
김광석 작곡

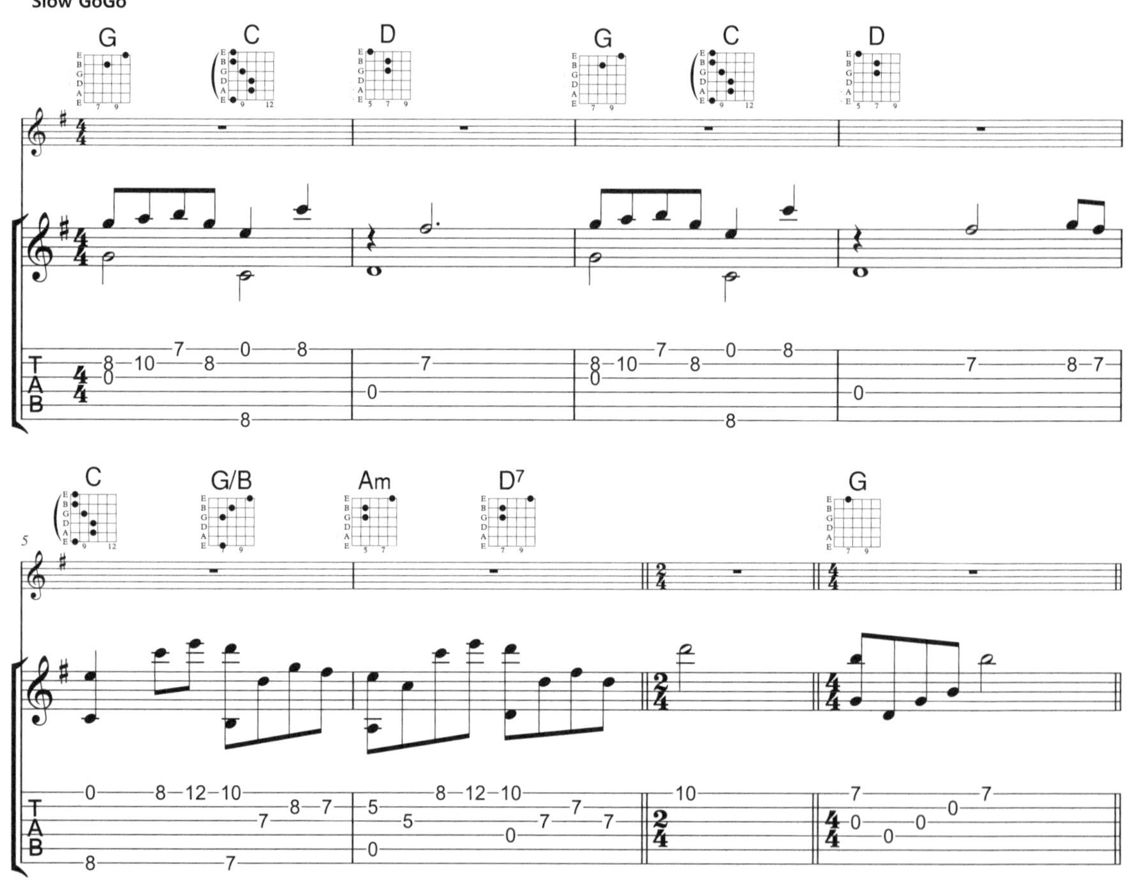

A
G Am Em D7 G Am Em
아 참 하늘이곱다 싶어나 선 길
G Am Em D7 G Am Em
사 람 들은 그저무감히 스쳐가 고 또다가오고
B
C D7 Am D7 Em
혼자걷는이길이 반갑게느껴질-무-렵
C D7 Am D7 Em
혼자라는이유로 불안해하는--나

C
G Am Em D7 G Am Em
어 디 알 만 한 사 람 없 을 까 하 고 -

G Am Em D7 G Am Em
만 난 지 십 분 도 안 돼 벌 써 싫 증 을 느 끼 고 -

D
G Em C D7 G D7 Em
아 참 바 람 이 좋 다 싶 어 나 선 길 에 -
아 참 햇 볕 이 좋 다 싶 어 나 선 길 에 -

C D7 Am7 D7 Em
사 람 으 로 외 롭 고 사 람 으 로 피 곤 해 하 는 - 난 -

Em
C
D7
Am
D7
졸 리운오후 - 나 른한오후
Am
Em
Am
N.C.
- 물끄러미서 서 - 바 라본
Em
하늘 -
Em
하늘 -
D.S. al Coda
Harm.

나의 노래

한동현 작사
한동현 작곡

Country

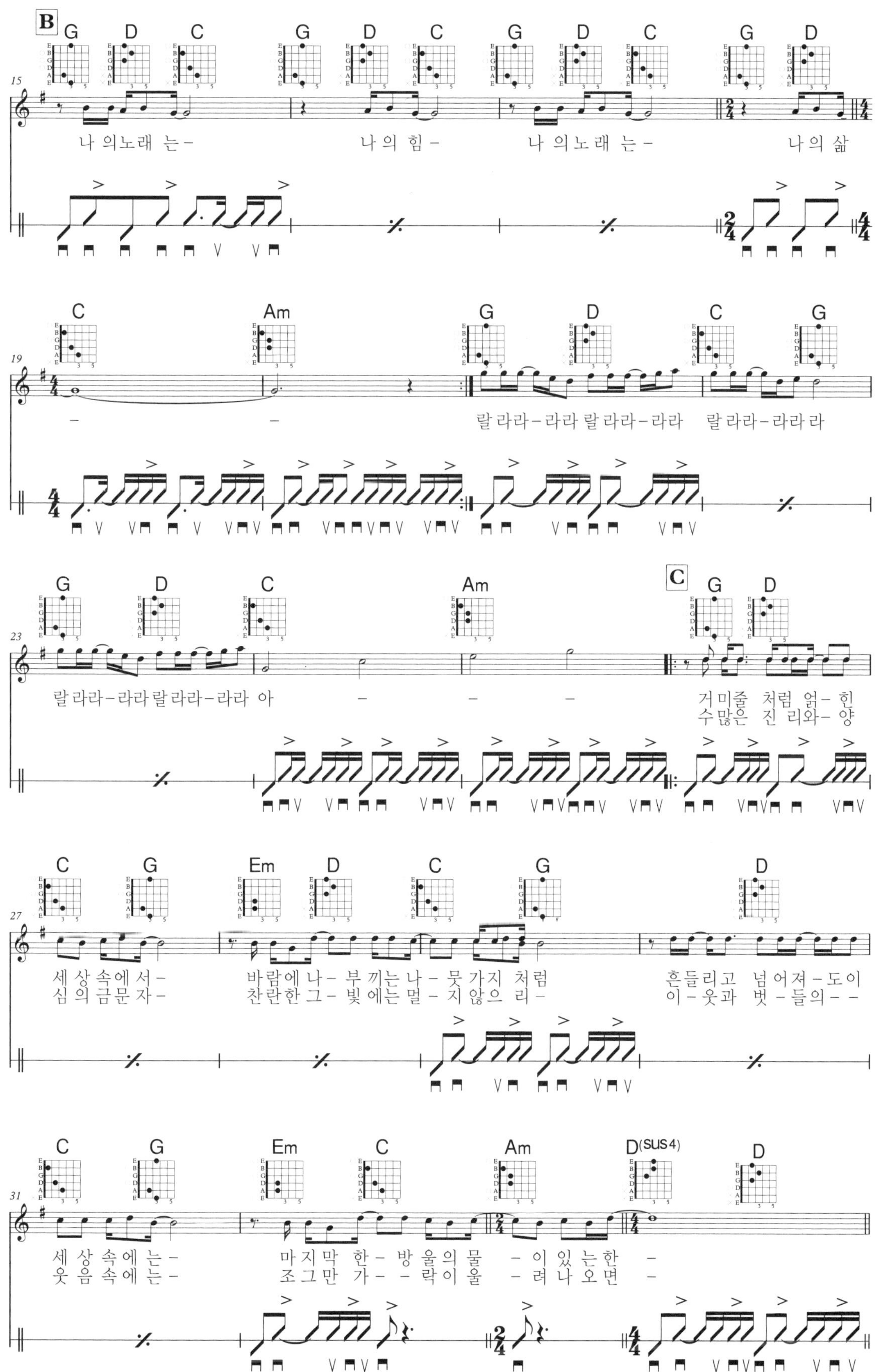

B
G D C G D C G D C G D
나 의노래 는- 나의힘- 나 의노래 는- 나의 삶
C Am G D C G
- - 랄 라라-라라 랄 라라-라라 랄 라라-라라 라
G D C Am C G D
랄 라라-라라 랄 라라-라라 아 - - - - 거 미줄 처럼 얽- 힌
수 많은 진 리와- 양
C G Em D C G D
세 상 속에 서- 바 람에 나- 부 끼는 나- 뭇 가지 처럼 흔 들리고 넘 어져-도이
심 의 금 문 자- 찬 란한 그- 빛 에는 멀- 지않으 리- 이 - 웃과 벗 -들의- -
C G Em C Am D(sus4) D
세 상 속에 는- 마 지막 한- 방울의 물 -이 있 는한 -
웃 음 속에 는- 조 그만 가- -락이울 -려 나오면 -

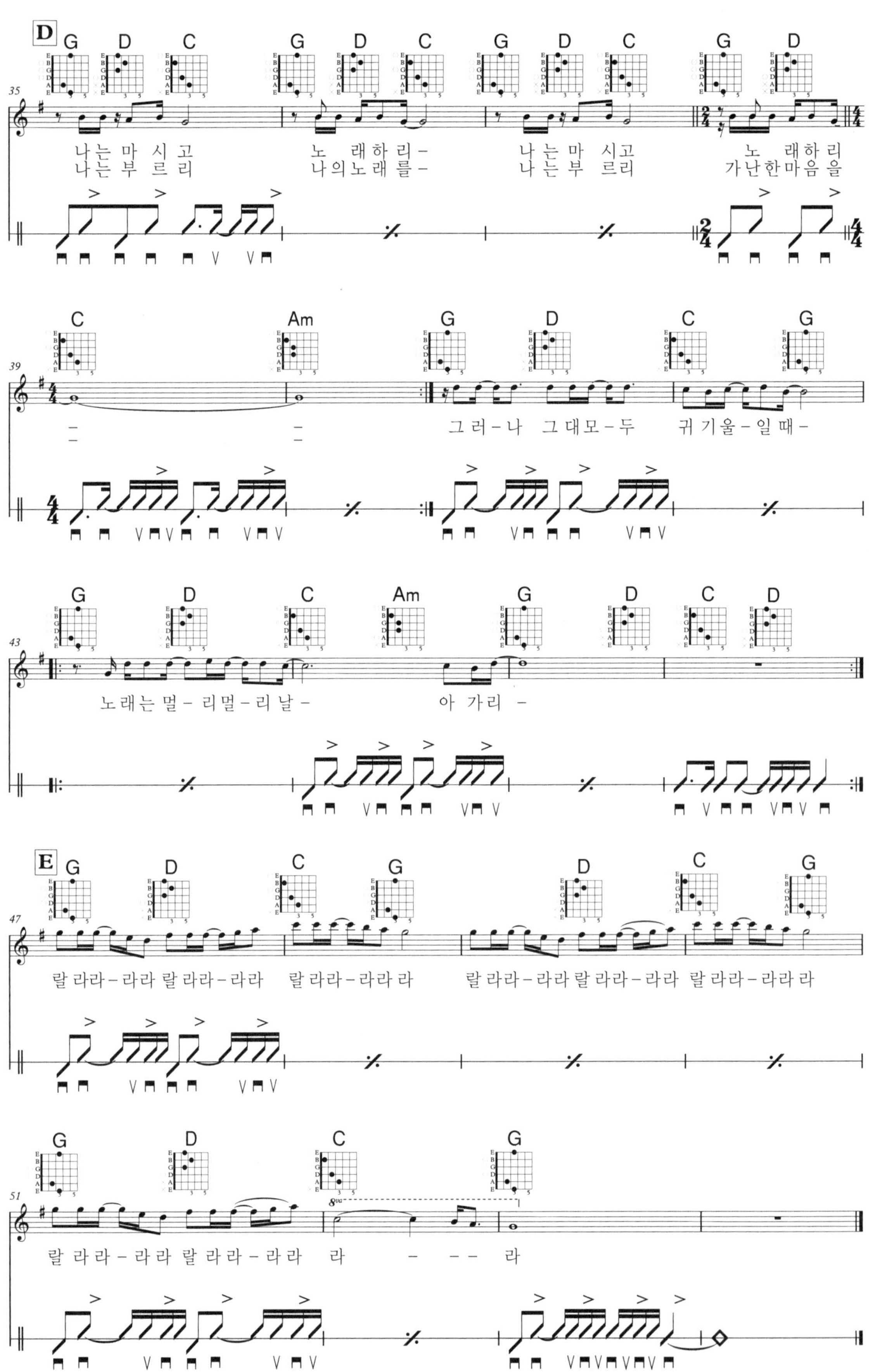

나는 마시고
나는부르리
노 래하리-
나의노래를-
나는마시고
나는부르리
노 래하리
가난한마음을

그러-나 그대모-두 귀기울-일때-

노래는 멀-리멀-리 날-
아 가리-

랄 라라-라라 랄 라라-라라
랄 라라-라라 라
랄 라라-라라 랄 라라-라라 랄 라라-라라 라

랄 라라-라라 랄 라라-라라
라 - - - 라

내 꿈

김광석 작사
김광석 작곡

A
G   D7   Em
사 랑 은 그 렇 게 –   잊 고 사 는 것 –
헤 어 나 질 못 할 –   사 람 들 속 에 묻 혀 –

G   D7   Em
말 할 수 없 는 게 –   너 무 도 많 았 어 –
우 리 도 그 렇 게 –   잊 고 사 는 것 –

B
G   D7   Em
너 무 도 많 은 말 에   우 리 는 지 쳐 지 쳐 지 쳐 지
하 늘 을 볼 수 없 이   모 두 가 지 쳐 지 쳐 지 쳐 지

G   D7
쳐   하 늘 을 볼 수 없 이 럼
쳐   오 늘 도 어 제 처 럼

D7   Em
너 무 도 부 끄 러 워
동 녘 에 해 는 떠 도

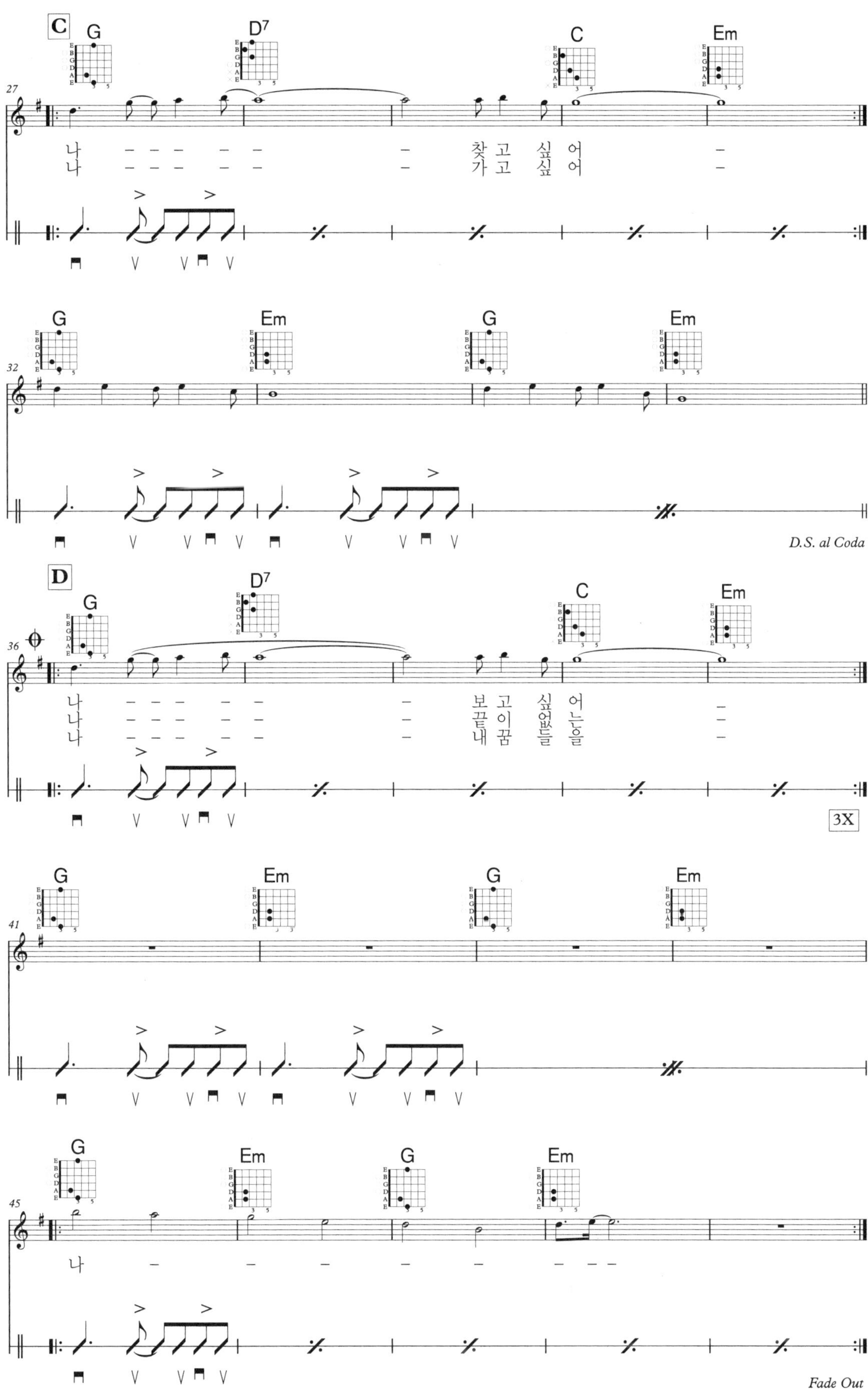

C
G D7 C Em
나 찾고 싶어
나 가고 싶어
G Em G Em
G D7 C Em
나나 보고 싶었어는
끝내 꿈이 싶었 느을
나나나 내꿈들을
3X
G Em G Em
G Em G Em
나
Fade Out

내 마음의 문을 열어줘

김광석 작사
김광석 작곡

Rhythm & Blues

Fmaj7 Cmaj7 Dm7 Cmaj7
오 래전기-억 처 럼- 닫혀있는 내 마음의-문을열어줘-
Em A7 Dm7 G
기약없는
H·P
B Fmaj7 Cmaj7 Fmaj7 G Cmaj7
약 속-이라도- 한 번-해줘 흔들리는내 맘-을잡 을-수 있도록 여린달빛
Fmaj7 Cmaj7 Fmaj7 G Cmaj7
그 속-이라도- 날 아-가게 그대-는내 맘-을잡 을-수 있잖아

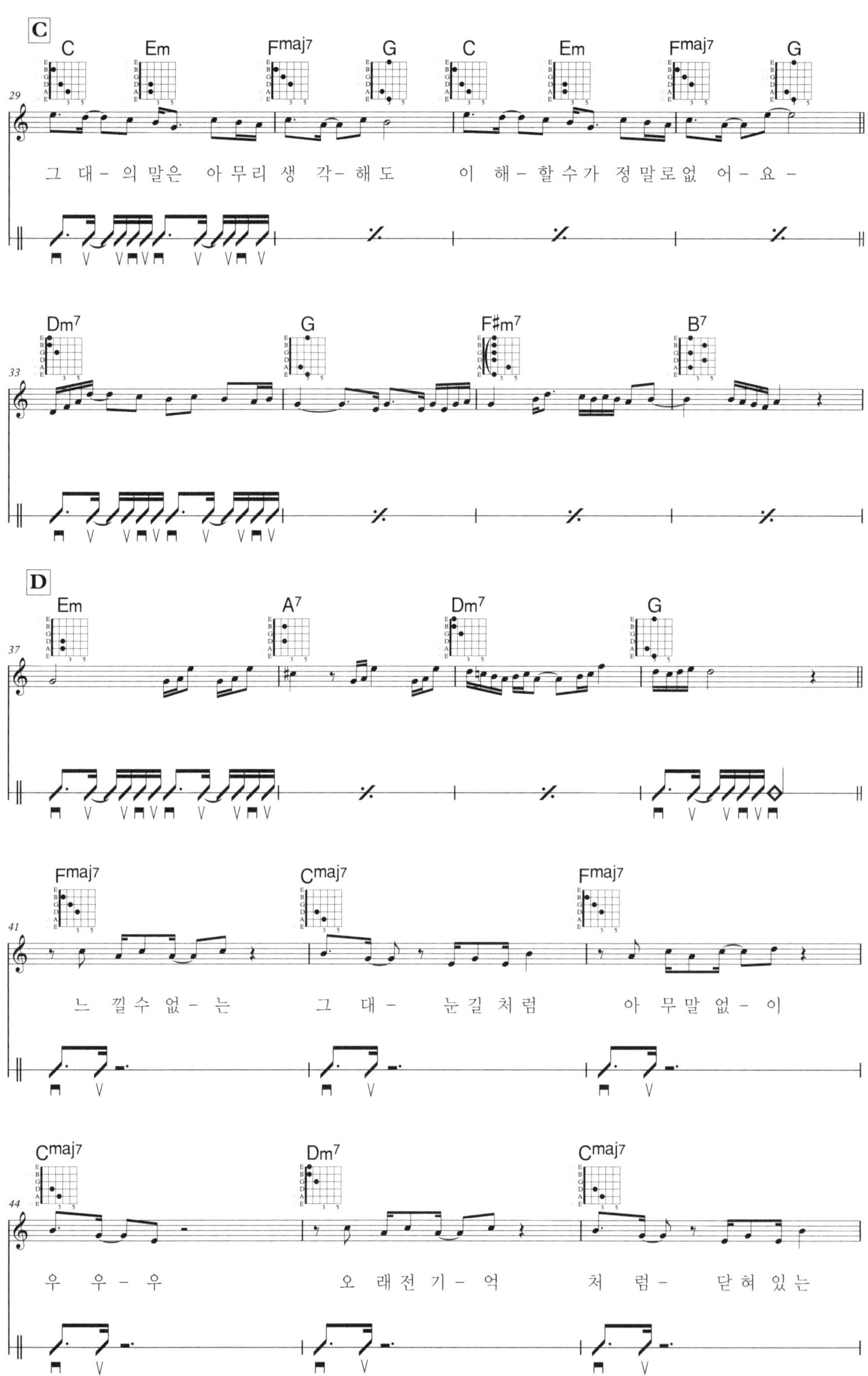

그 대-의 말은 아무리 생 각-해도 이 해-할수가 정말로없 어-요-
느 낄수없-는 그 대- 눈길처럼 아 무말없-이
우 우-우 오 래전기-억 처 럼- 닫혀있는

Dm7
Cmaj7
Dm7
내 마음의 - 문을 열어줘 -   아 무런 말 - 도
Cmaj7
Dm7
Cmaj7
없 이 - 바 라 보 는   내 사 랑 의 - 꿈 을 열 어 줘 -
Dm7
G
F#m7
B7
Em
A7
Dm7
G
C(add9)

내 사람이여

백창우 작사
백창우 작곡

하나 - 가진 작은별 - 이 되어도좋 - 겠네
고 운 - 한 마리 - 새가 되어도좋 - 겠네
너 가 는 길 마 다 - 함 - 께 다 니 며 너
너 - 의 새 벽 을 - 날 - 아 다 니 며 내
의 길 - 을 비 추 겠 - 네
가 진 - 시 - 를 들 려 주 겠 네
내 가 너 의 아 - 픔 을 만 져 줄 수 있 다 면 - 이 름

F   Em   Am   F   G(SUS4)   G
없 는- 들의 꽃 - 이 되 어 도 좋 - 겠 네
D
C   Am   Dm   C   C/E
음 눈 물 이 고 인 -   너 - 의 눈 속 에   슬
F   C   G   C   C7/E
픈 춤 으 로   흔 들 - 리 겠 네
E
F   C   G   F
그 럴 수 있 다 면 -   그 럴 - 수 있 - - 다 면   내 가 난
이 토 록

D.C. al Coda

한 삶과 영혼을 - 모두 주고 - 싶 - 네 -
- 더운 - 사랑하나 로 - 내가 - 슴에묻 히고 - 싶 - 네 -

그 럴 - - 수 있 - 다면 그 럴 - - 수 있 다면

내 삶 - 의 끝자 - 리를 지 키고 싶 - 네 -

내 사 - - 람이 - 여 - 내 사 - 람이 - 여 -

너무멀 - 리 서 있는 내 - 사람 - 이 여 -

너 하나뿐임을

김광석, 김형석 작사
김형석 작곡

Orginal Key Eb Capo 1 fret
Slow GoGo

C#m7(b5) F#7 Bm Am D7 G#m7(b5) C#7
난 홀 로 서 있 어 -
내 곁 에 있 어 줘 -
뒤 돌 아 보 면 아 름 답
흘 린 눈 물 닦 - 아 줄

F#m 1. Em Bm A(sus4) A7
던 게 그
지 나 온 - 날 의 설 레 임 들 -

2,3 Em D A(sus4) A7 B Gm D
것 이 기 - 쁨 이 란 걸 - 알 - 아 사 랑 - 이 야 - - - 우

Gm D E Em A7
리 가 처 음 만 - 날 때 부 터 느 껴 왔 - 었 던 알 수 없 는 설 레 임 들 을 -

이 제 는 말 할 꺼 야 너 하 나 뿐 임 을
을 사 랑 － 이
D.S. al Coda

야 - - - 우 리 가 처 음 만 - 날 때 부 터 느 껴 왔 - 었
던 알 수 없 는 설 레 임 들 을 - 이 제 는 말 할 꺼
야 너 하 나 뿐 임 을

너무 깊이 생각하지마

김창기 작사
김창기 작곡

C   Cmaj7   C7   F
너 무 깊 이 생 각 하 - 지 마   다 시 돌 아   올 수 없 - 는   시 간 을 -
너 무 깊 이 생 각 하 - 지 마   외 로 움 이   친 구 가 - 된   지 금 도 -
너 무 깊 이 생 각 하 - 지 마   스 쳐 가 는   의 미 없 - 는   나 날 은 -
너 무 깊 이 생 각 하 - 지 마   가 시 돋 힌   대 화 속 - 에   남 겨 진 -

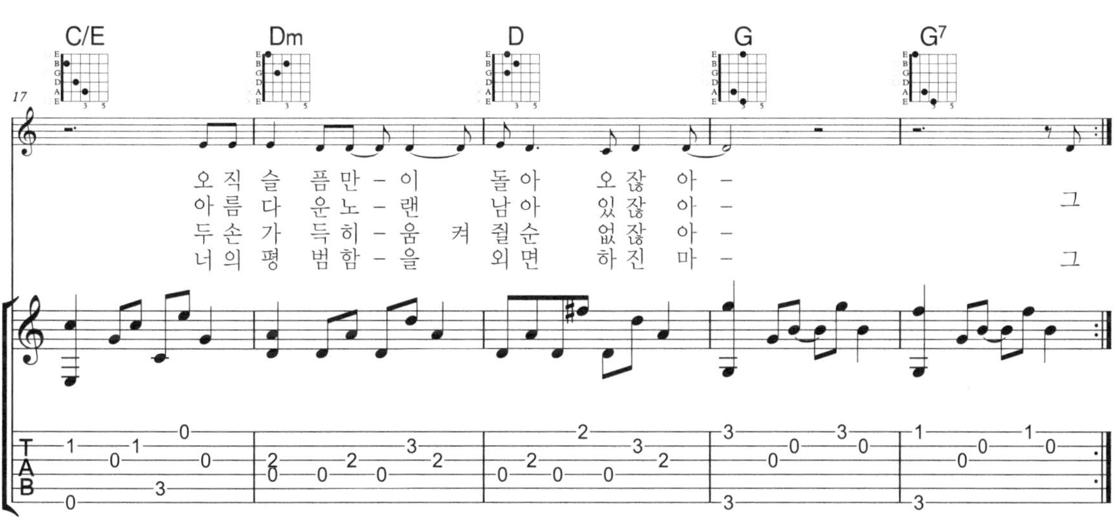

C/E   Dm   D   G   G7
오 직 슬 픔 만 - 이   돌 아   오 잖 아 -   그
아 름 다 운 노 - 랜   남 아   있 잖 아 -   그
두 손 가 득 히 - 움 켜   쥘 순   없 잖 아 -
너 의 평 범 함 - 을   외 면   하 진 마 -   그

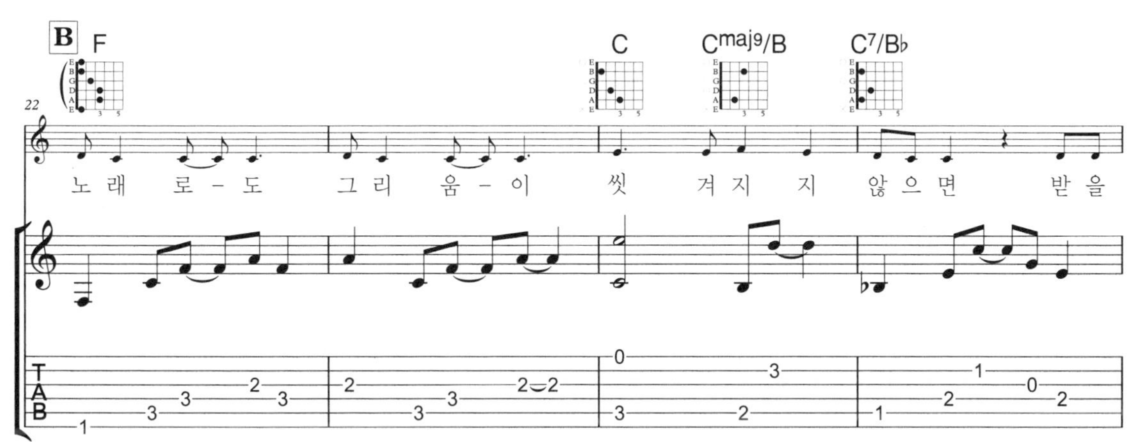

F   C   Cmaj9/B   C7/Bb
노 래 로 - 도   그 리 움 - 이   씻 겨 지 지 않 으 면   받 을

F   C   G7
26
사람 없 – 는 편 지 로 – 도 지워 지 지 않으면   나는

C
E   Am
31
벌 거 벗 – 은 여 인 – 의 사 진 – 을 보며

Dm   D   G7
35
그 대 와   나 누 지 못 했 던 사 – 랑   혹 은

E   Am
39
눈 물 없 – 이 돌 아 서 던 그 대 – 모 습 을   아 주

Dm
D
G7
쉽 게 - 잊 을 수 - 있 어
D C
Cmaj7
C7
너 무 깊 이 생 각 하 - 지 마 추 억 은 그 렇 - 게 잊 혀
F
C/E
Dm
G7
지 면 돼 - - 음 - -
E C
Cmaj7
C7
F
너 무 깊 이 생 각 하 - 지 마 어 린 아 이 들 의 가 벼 운 웃 음 처 럼

C/E
Dm
D
G⁷
아 주 쉽 게 - 아 주 쉽 게 - 잊 을 수 있
C
F
Cmaj7
어
C⁷
F
C/E
Dm
D
G⁷
C
D.S.

너무 아픈 사랑은
사랑이 아니었음을

류근 작사
김광석 작곡

Slow GoGo

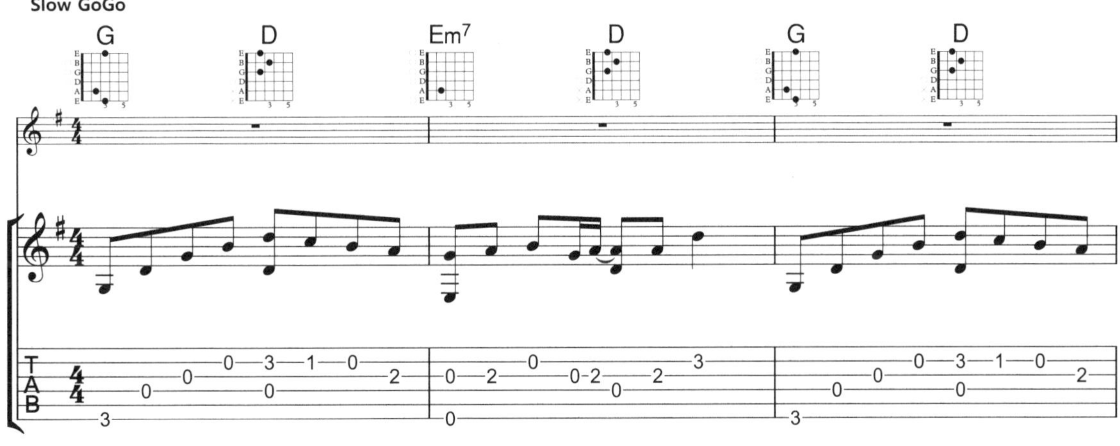

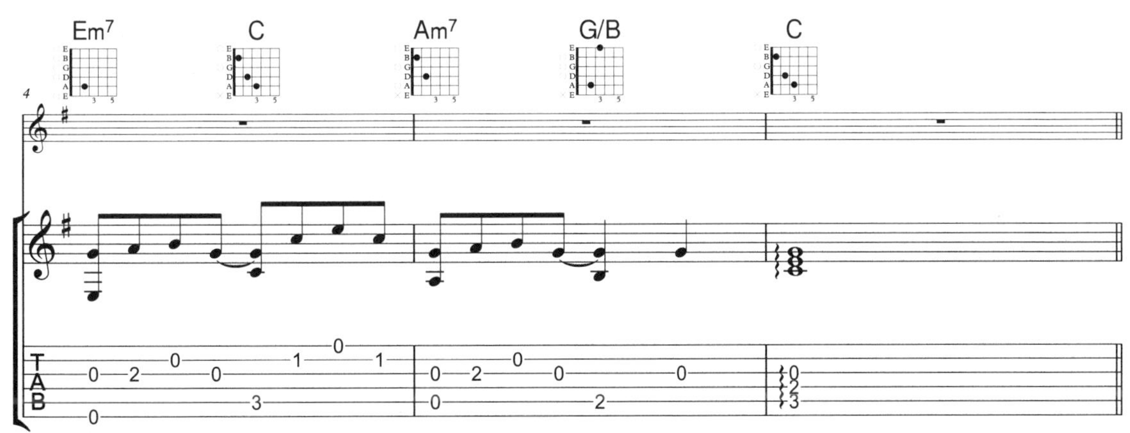

A
G D Em7 Em9 G D Em7 Em9
그대 보내고- 멀리   가을 새와 작별하듯 -

G D Em7 Em9 G D Em7 Em9
그대 떠나 보 내고 -   돌아와-술잔앞 에앉 -으면

G D Em7 Em9 G D Em7 Em9
눈물- -나누나

B
G D Em7 Em9 G D Em7 Em9
그대 보내고- 아 주   지는 별-빛 바라볼 때

G D Em7 Em9 G D Em7 Em9
눈에흘-러 내 리는 -   못다 한 말 들 -그아픈 -사랑

G D Em7 Em9 G D Em7 Em9
27
지울 수 - 있을 - 까 -
C
G D Em7 Em9 G D Em7 Em9
31
어느하루비라도- 추억 처럼 흩날 리는- 거리에서
어느하루바람이- -젖은어 -깨 - 스치며 지나- 가고 -
G D Em7 Em9 G D Em7 Em9
35
쓸쓸한 사랑 되어 고 개 숙이면 - 그대- -목소 리
내지 친 시간 들이 창에어 -리면- 그대- -미워 져
D
G D Em7 Em9 G D Em7 Em9
39
너무아- 픈사랑은 - 사랑이아니었- 음을 -
너무아- 픈사랑은 - 사랑이 아 - 니었- 음을 -
G D Em7 Em9 G D Em7 Em9
43
너무아- 픈사랑은 - 사랑이아- 니었- 음 을

이제우리다시는- 사랑 으로
세상에오- -지-말-길-
그립던말들도- 묻어버-리길-
못다한 - 사랑
너무아-픈사랑은- 사랑이아-니었-음을

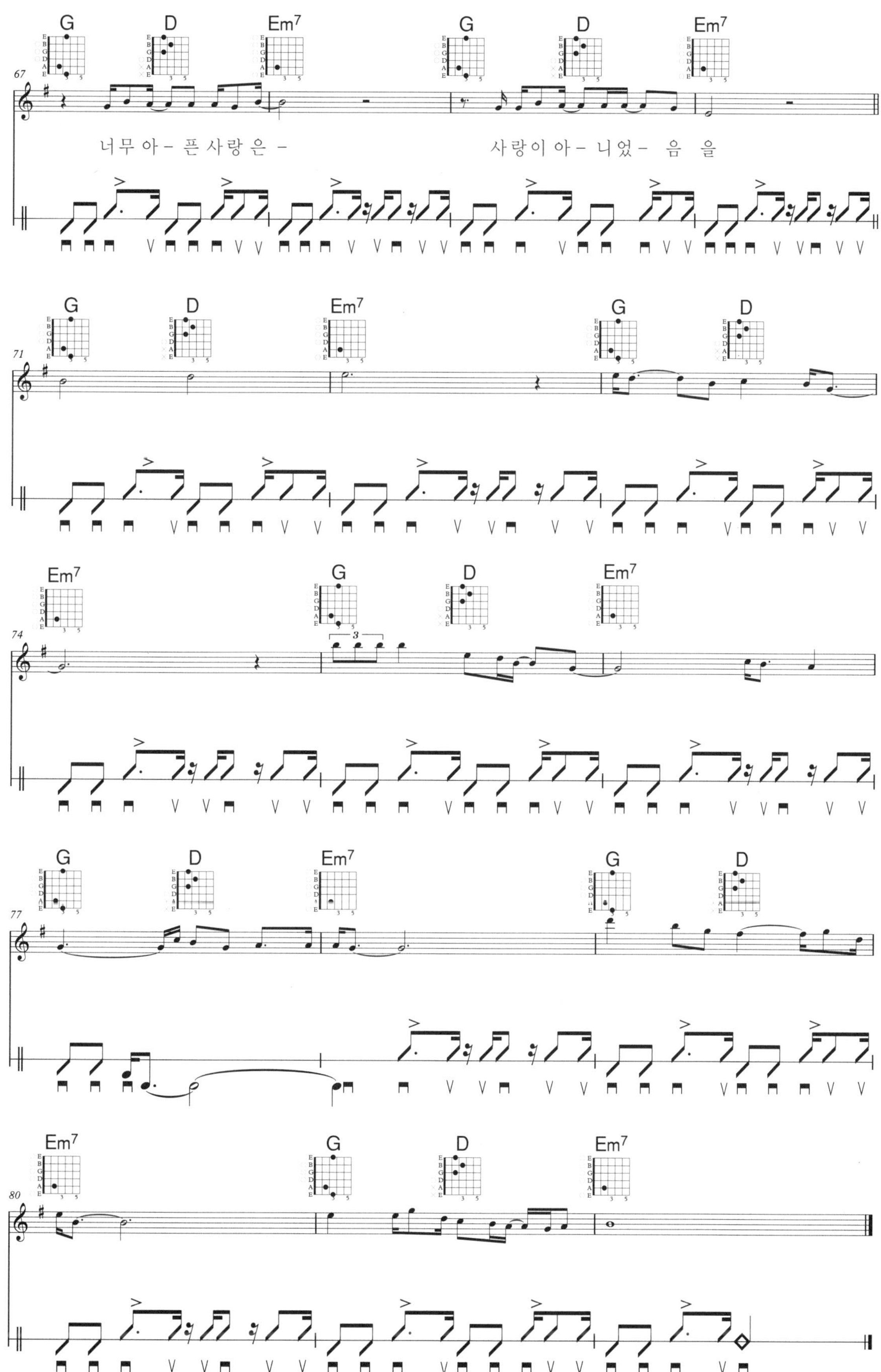

너무 아 - 픈 사랑은 -
사 랑 이 아 - 니 었 - 음 을

너에게

김형석 작사
김형석 작곡

D(sus4) D7 G A F#m Am/C B7
는 - - 구석진 그 하늘 - 어디선가 내 노 래 - 는 널 부르고
Em7 Cmaj7 A7(sus4) A7
있 음을 - 넌 듣고 있는 시 - 음 - 나의
B
D Am9 D
정 원을 - 본 적이 있을까 - 국화와 장미 - 예쁜 사
Am9 G Gm/Bb D(sus4) D7
- 루비아가 - 끝없 - 이 - 피어 있는 - - 언제든

그문은-열려있고- 그향기-는 널 부르고있음을- 넌알고있-는지- 나의
어릴적-내꿈만-큼이나 아름다운 가을하-늘이
랑 오-내가그것-들과- 손잡고 고요한
-달빛으로- 내게오면 내여린맘-으로-

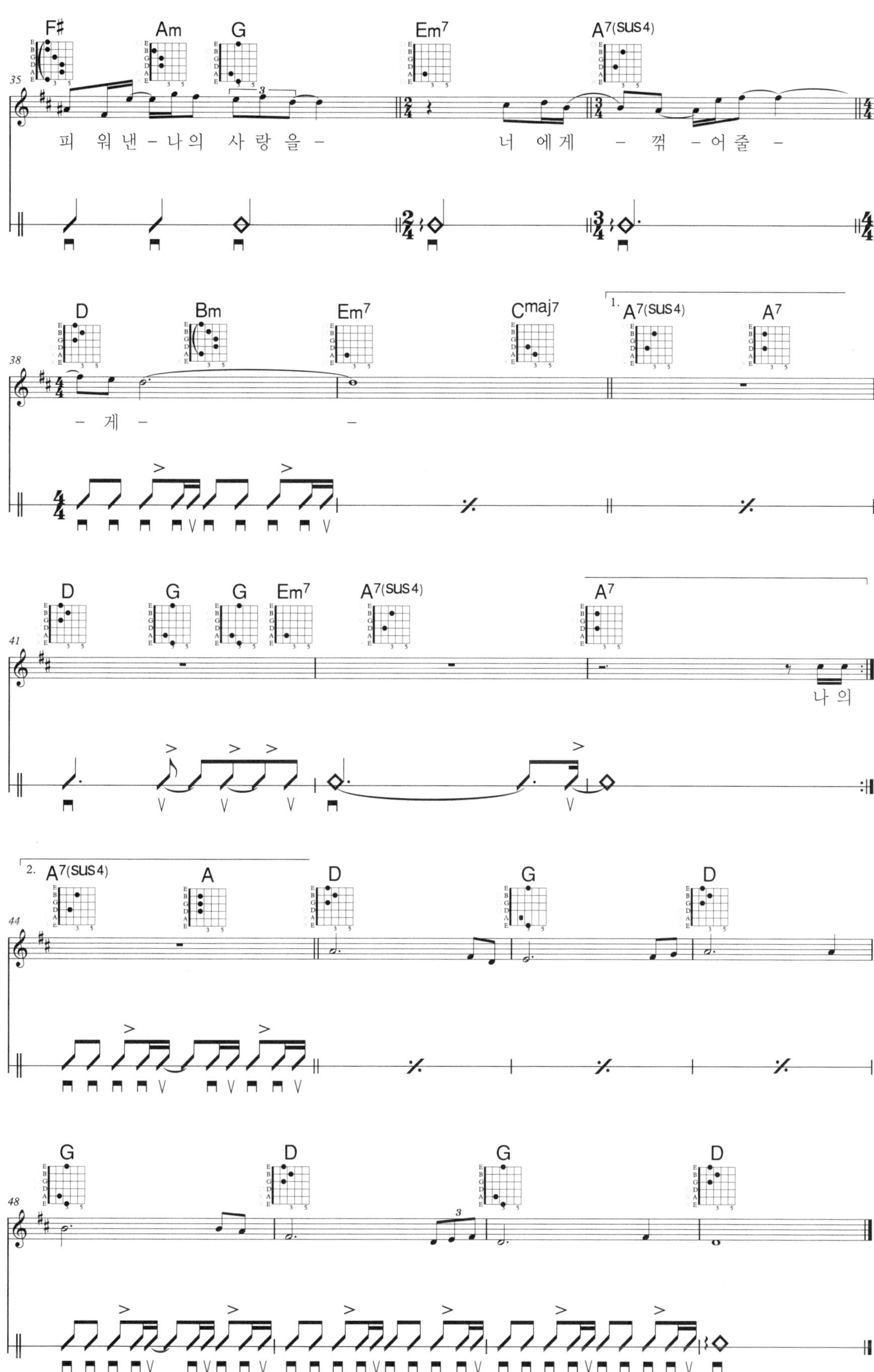
피 워 낸 - 나의 사 랑 을 -
너 에게 - 꺾 - 어 줄 -
- 게 -
나 의

다시 아침

박용준 작사
박용준 작곡

내밀어 - 보며 - 소리없 - 는 웃 음 - 내 입가에 -
사 랑하 - 며 지 내왔 - 던 기 억 - 들모 두 - 소 중했 - 지만 - 이 젠
사 라 져 - 어두워 져도 - 햇 빛 비치 - 는 아 침이 - 오듯 -
조 금 - 만기 다 리 - 면 그 대다 - 시 내 게 -

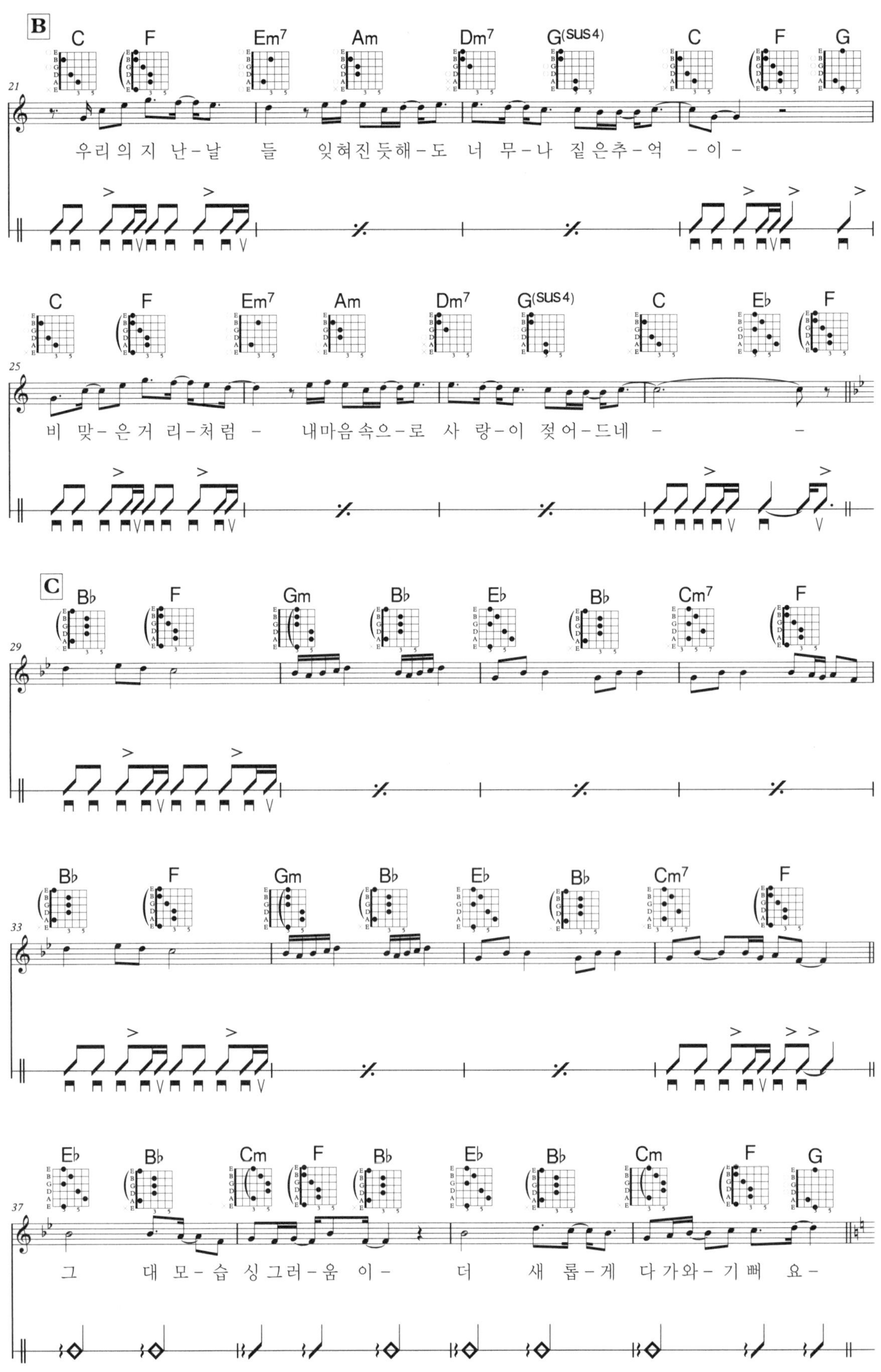
우리의지 난－날 들 잊혀진듯해－도 너 무－나 짙은추－억 －이－
비 맞－은거 리－처럼 － 내마음속으－로 사 랑－이 젖어－드네 － －
그 대 모－습 싱그러－움 이－ 더 새 롭－게 다가와－기뻐 요－

우 리 의 지 난 - 날 들 잊 혀 진 듯 해 - 도 너 무 - 나 짙 은 추 - 억
- 이 - 비 맞 - 은 거 리 - 처 럼 - 내 마 음 속 으 - 로
사 랑 - 이 젖 어 드 네 -

마음 속의 풍경

조규만 작사
조규만 작곡

Slow GoGo

다 가 오 는-   한 여름 밤에-   나의 마음은-   시 원한 바 람불 어와
밀 려 오 는-   한 여름 밤에-   나의 마음은-   시 원한 비 가내 려와
- 이 제 는-   아 무 생 각 도-   아 무 걱 정 도-   없 네

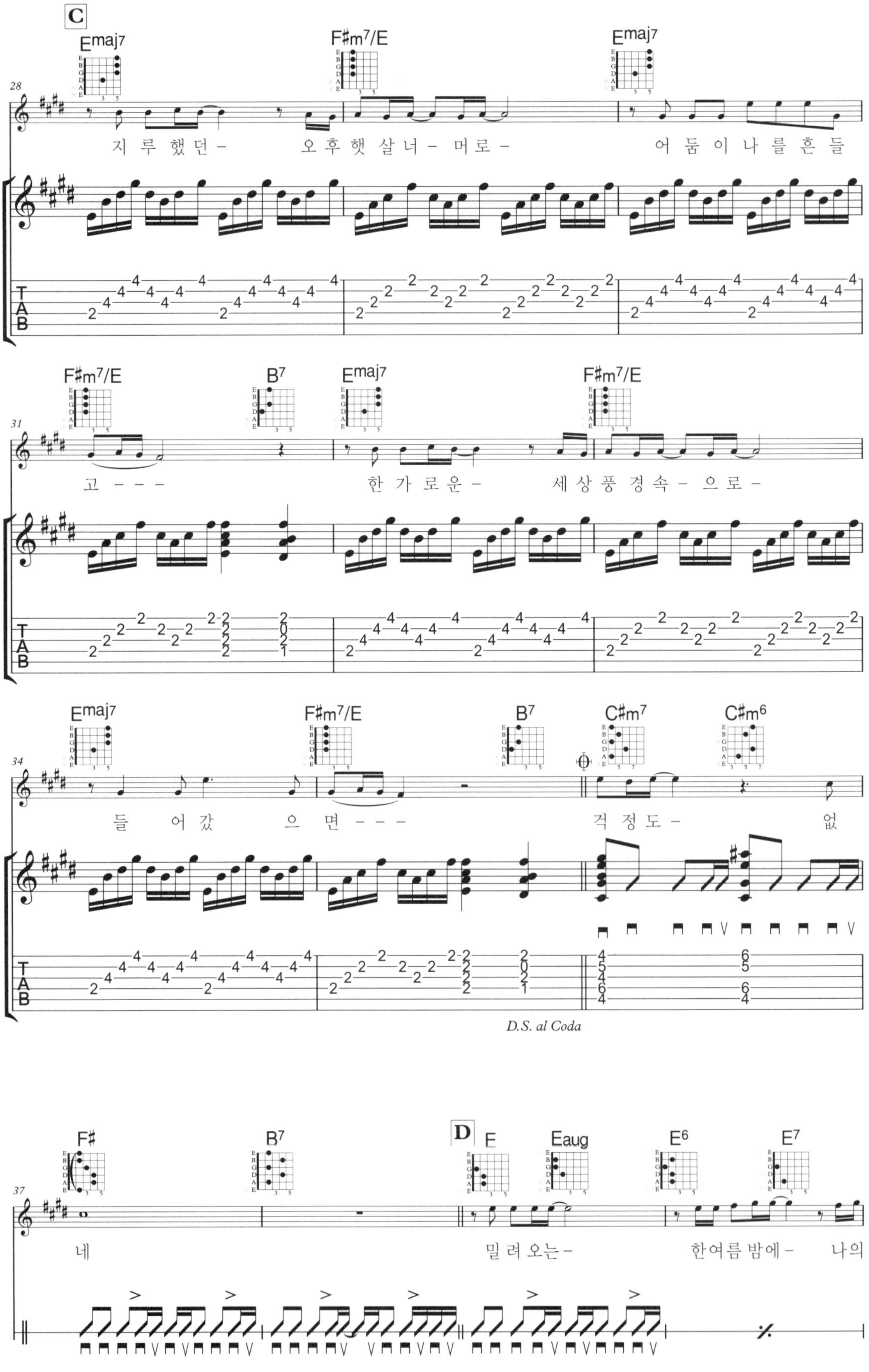

지 루 했 던 - 오 후 햇 살 너 - 머 로 - 어 둠 이 나 를 흔 들
고 - - - 한 가 로 운 - 세 상 풍 경 속 - 으 로 -
들 어 갔 으 면 - - - 걱 정 도 - 없
네 밀 려 오 는 - 한 여 름 밤 에 - 나 의
D.S. al Coda

Amaj7
E
F#
D#m7(b5)
G#7
41
마 음은 -
시 원 한 비 가 내 려 와 - 이 제 는 - 아 무
C#m
C#m7
C#m(maj7)
C#m6
F#7
44
생 각 도 -
아 무 걱 정 도 - 없 네
E
D#m7(b5)
C#m7
D#m7(b5)
Emaj7
47
우 그 러 면 난 좋 아 -
F#m7/E
Emaj7
F#m7/E
B7
E
51

마음의 이야기

김창기 작사
김창기 작곡

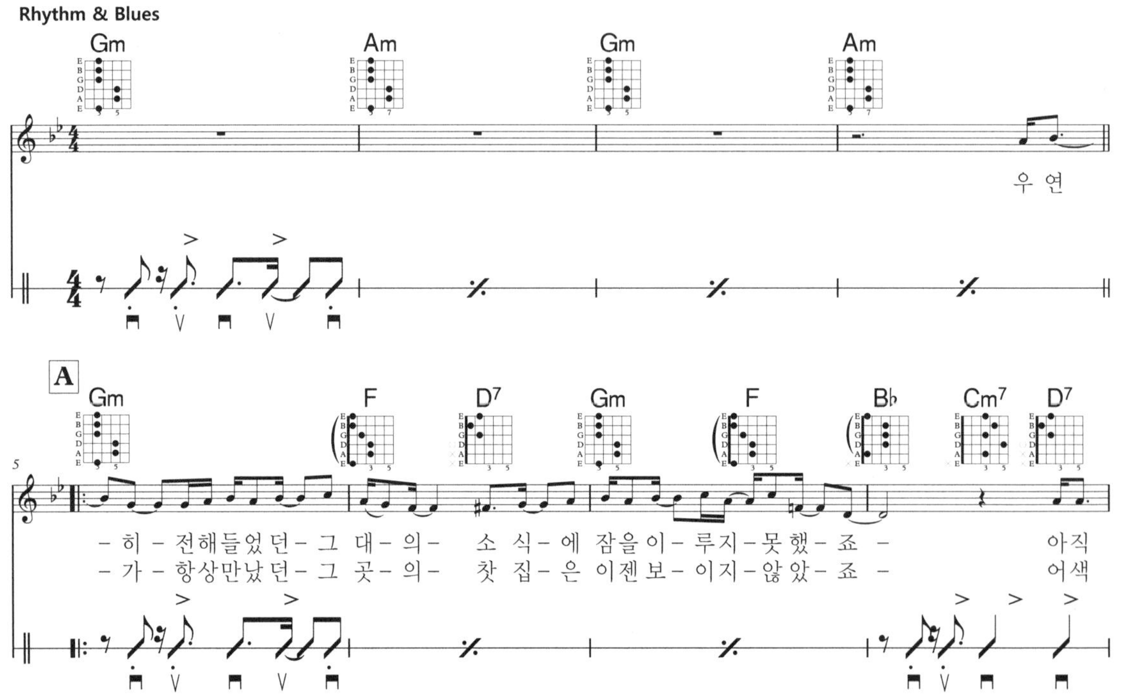

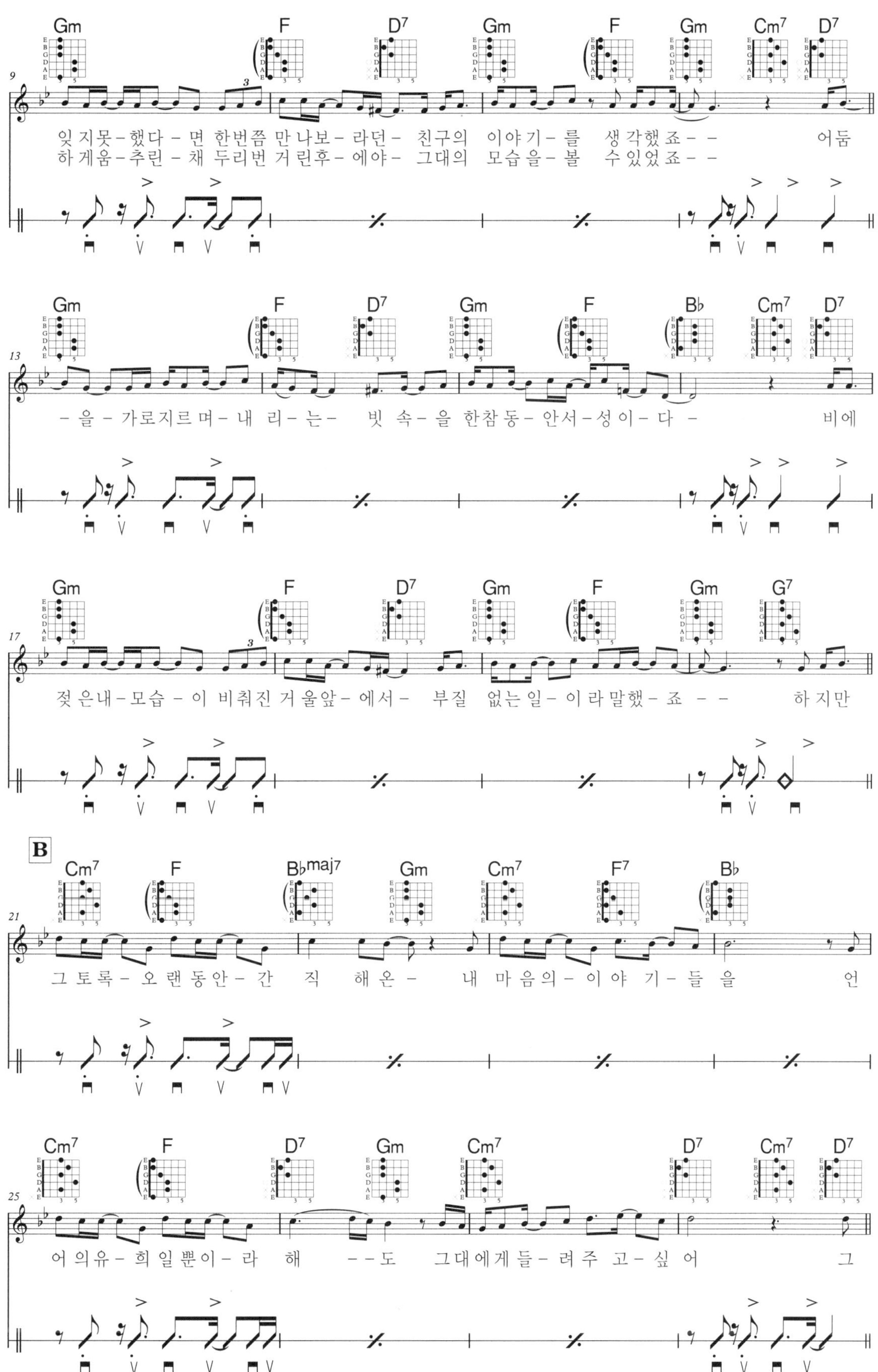

Gm F D7 Gm F Gm Cm7 D7
잊 지못-했다 - 면 한번쯤 만나보-라던- 친구의 이야기-를 생각했죠 - - - 어둠
하 게움-추린 - 채 두리번 거린후-에야- 그대의 모습을-볼 수있었죠 - -

Gm F D7 Gm F Bb Cm7 D7
-을 - 가로지르며- 내 리 - 는- 빗 속-을 한참동-안서-성이 다 – 비에

Gm F D7 Gm F Gm G7
젖 은내-모습- 이 비춰진 거울앞-에서- 부질 없는일- 이 라말했-죠 - - - 하 지만

B
Cm7 F Bbmaj7 Gm Cm7 F7 Bb
그 토록-오랜동안- 간 직 해온- 내 마음의-이야 기-들 을 언

Cm7 F D7 Gm Cm7 D7 Cm7 D7
어 의유- 희일뿐이-라 해 - -도 그대에게 들-려주 고-싶 어 그

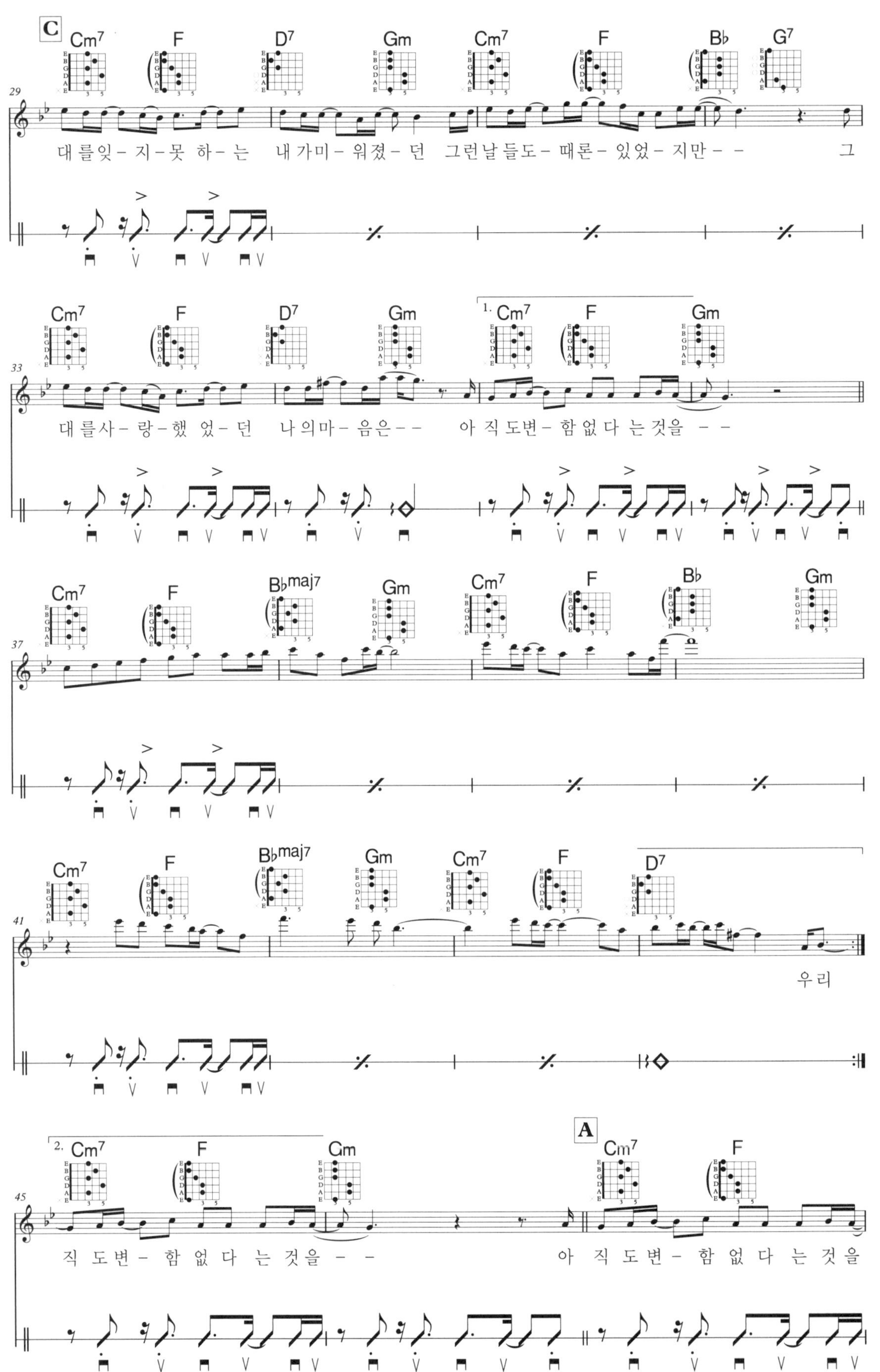

Cm7   F   D7   Gm   Cm7   F   Bb   G7
대를잊-지-못 하- 는 내 가미-워졌-던 그런날들도- 때론- 있었- 지만- -   그

Cm7   F   D7   Gm   1. Cm7   F   Gm
대를사- 랑- 했 었- 던 나 의마- 음은- - 아 직도변- 함 없 다 는것을 - -

Cm7   F   Bbmaj7   Gm   Cm7   F   Bb   Gm

Cm7   F   Bbmaj7   Gm   Cm7   F   D7
우리

2. Cm7   F   Gm   A   Cm7   F
직 도변- 함없 다 는 것을 - -   아 직도변- 함없 다 는 것을

아 직 도 변 - 함 없 다 는 것 을 - -

말하지 못한 내 사랑

유준열 작사
유준열 작곡

말하지못하는 내 사랑은 음 - 어 - 디쯤 - 있을 까 - 소
리없 이 - 내맘 말해볼 까 -
울어 - 보지못한 내사 랑 은 - 어 - 디쯤 - 있을 까 - - 때
론 느 껴 - 서러 워 - 지는 데

B
F#m7 B7 G#m7 C#7
비 - 맞 은 채 로 서 성 이 는 마 음 의 - -
F#m7 B7 E C#7
날 - 불 러 주 오 나 즈 막 히 - - 말 없 - 이
내 노
F#m7 E
그 대 를 보 - 면 소
래 는 허 공 에 - 퍼 지 고 내
F#m7 1. E C#7
- 디 없 이 - 설 었 넌 날 - - 저 럼
- 노 래 는 - 끝 나 - 지

아 직은 난 -
가

C
F#m7   B7   E   Amaj7
진 것 없 는 마 음   하 나 로 -   난 한 없 이 - 서 있 소 - - -
F#m7   B7   E
잠 들 지 않 은 꿈   때 문 일 까 -
F#m7   B7   E   Amaj7
지 나 - 치 는 사 람 들 모 - 두 -   바 - 람 속 에 서 성 이 고
F#m7   B7   E   G#dim   C#7
잠 들 시 않 은 꿈   때 문 일 까 -

만
내 맘은 언제나 - 하 나
뿐
하 나 - 뿐 -
하 나 - 뿐 -

맑고 향기롭게

노영심 작사
노영심 작곡

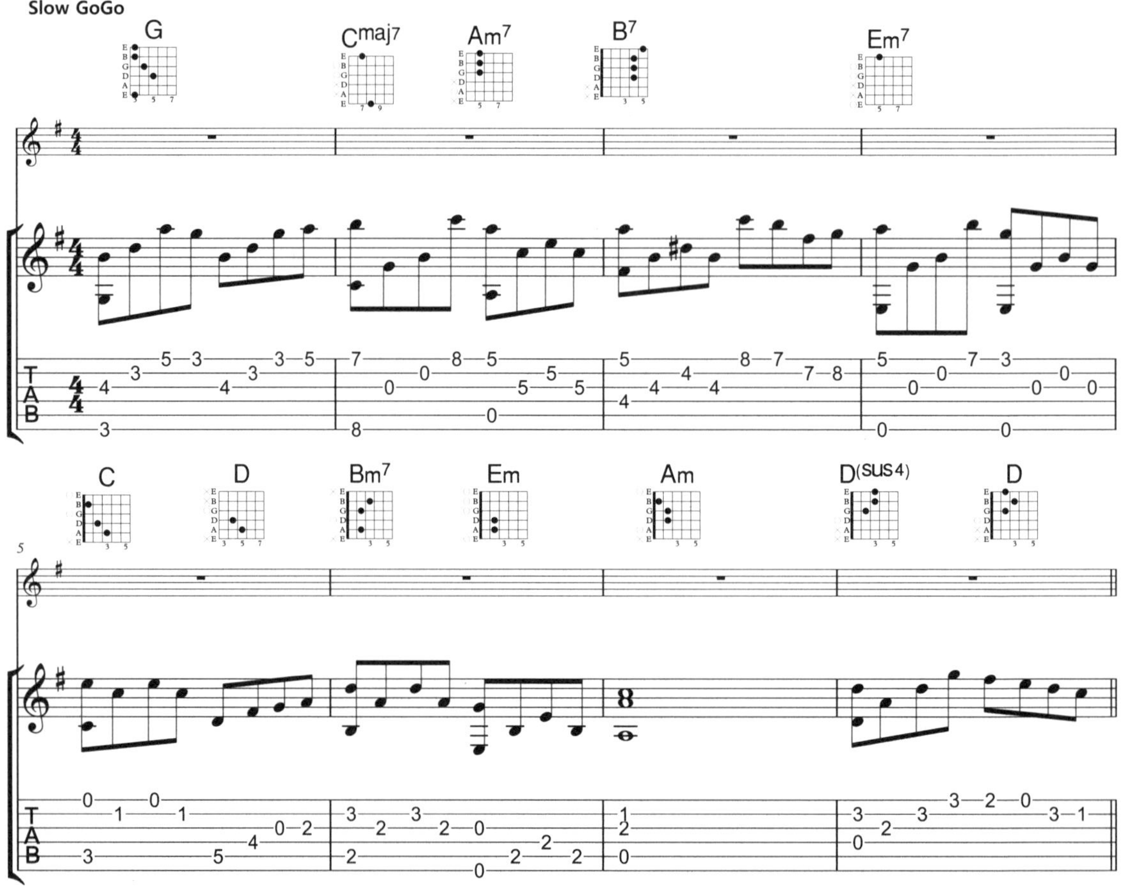

오 늘 도 너를 느낀 다 작은 설 레 임 으로 -
어 두 운곳에서너 만은 - 변함 이 없구 나 네
숨 결 이 널리 내게 로 - 들 려 올 것 같으 니 -
진 정 -너의그 향 기는 - 날 개 가 있구 나

말 없 이 넌 말 하 지 더 욱 같 이 하 는 걸
조 금 씩 날 물 들 이 지 더 욱 너 를 닮 도 록
은 은 한 네 맘 결 따 라 - 피 어 오 는 꿈 속 에 -
맑 고 -또 향 기 로 움 이 - 멀 리 있 진 않 구 나 -

맑고 또향기로움이 멀리 있진 않구나

먼지가 되어

송문상 작사
이대현 작곡

Medium Tempo

나의-노래도　휘파람 소리로----　돌아-오네요
내 조그만 공간-속에　추억-만 쌓이 고　까닭-모를 눈물만이
아른거리네 -　-　작은 가
슴 -　모-두모-　두-어-　시를 써

Dm7
G7
Cmaj7
Am
A7
봐 도 모 자 란 당 – 신 –
먼 지 가
Dm7
G7
Cmaj7
Am
되 어 날 – – 아 가
야 – 지 –
바 람 에
날 – 아 가
Dm7
G7
Cmaj7
1. E7(sus4)
E7
날 려 당 신 곁 으 로 –
Am
Am7/G
Am/F#
Fmaj7/C
E7
Am
Am7/G
P.M.--|
P.M.--|
P.M.--|
P.M.--|
P.M.--|
Am/F#
Fmaj7/C
E7(sus4)
E7
2. E7(sus4)
E7
작 은 가

C
Am Am7/G Am/F# Fmaj7/C E7 Am Am7/G
쏩 뚜르르 쏩 뚜르르 쏩 뚜르르 뚜 루 쏩 뚜르르 쏩 뚜르르
P.M.

Am/F# Fmaj7/C E7 Am Am7/G Am/F# Fmaj7/C E7
쏩 뚜르르 뚜 루 쏩 뚜르르 쏩 뚜르르 쏩 뚜르르 뚜 루
P.M.

Am Am7/G Am/F# Fmaj7/C E7 Am Am7/G
우
P.M.

Am/F# Fmaj7/C E7 Am Am7/G Am/F# Fmaj7/C E7 Am
P.M.

바람이 불어오는 곳

김광석 작사
김광석 작곡

Original Key F# Capo 4 fret
Country

바람이 불어오는 곳
123

변해가네

김창기 작사
김창기 작곡

그리길 지않-은나의인생을-   혼자남겨진-거라 생각하며   누

군가손 내밀-며   함께 가자 하여도-   내가가고픈- 그곳으로-만   고집했지 -   그러

나   너를알게된-후   사랑하게 된- 후부-터   나를둘러싼- 모든-것이   변해가-네

나의길을 가기 보단   너와머물고-만싶네   나를둘러싼- 모든-것이   변해가-네

우   - 너무쉽게 변해가-네   우   - 너무 빨리   변해가-네

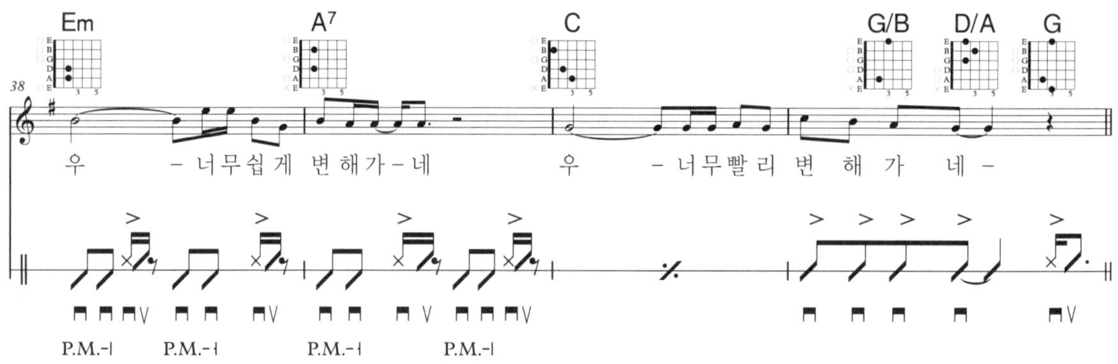

Em
A7
C
G/B D/A G
우 너무쉽게 변해가-네 우 너무빨리 변해가 네-
P.M. P.M. P.M. P.M.

1.
Em
A7
C
G/B D/A G
P.M. P.M. P.M. P.M. P.M. P.M.

Em
A7
C
G/B D/A G
P.M. P.M. P.M. P.M. P.M. P.M.

2. Em
A7
C
G
우 – 너무쉽게 변해가–네 우 – 너무빨리 변해가–네
P.M. P.M. P.M. P.M.
Em
A7
C
우 – 너무쉽게 변해가–네 우 – 너무빨리
P.M. P.M.
C G/B D/A G Em A7
변 해 가 네 –
P.M. P.M. P.M. P.M.
C G Em
P.M. P.M.
A7 C G/B D/A G
P.M. P.M.

부치지 않은 편지

정호승 작사
백창우 작곡

Bm   F#m   Bm   G
피 기 는 쉬 워 도   아 름 답 긴 어 려 워 라
F#m   Em   Bm   G   F#m   G   A
B
Bm   F#m   Bm   F#m   Bm
시 대 의 새 벽 길   홀 로 걷 다 가   사 랑 과 죽 음 이   자 유 를 만 나   언
A   G   A   Bm   A   G   A   Bm
강   바 람 속 으 로   무 덤 도 없 이   새 찬 눈 보   라 속 으 로   노 래 도 없 이   꽃

A D F#m G A Bm C A
잎 처 럼 흘 러 흘 러 그대 - 잘 가 라 그대 눈물 이제 곧
D A D F# Em Bm
강 물 되 리 니 그대 사랑 이제 곧 노래되 리니 산을 입에 물 - 고 나는
Em Bm A D F#m G A Bm
눈 물 의 작 - 은 새여 뒤 돌 아 보 지 말 - 고 그대 - 잘 가 라
Em Bm A D

D.S. al Coda
그대 - 잘 가 라
그대 - 잘 가
라
라

불행아

김의철 작사
김의철 작곡

없 이걸 고만 싶 구 나 바람 을벗 삼아 가 며 눈
앞 에떠 오 는옛 추 억 아 그리워 — 라소 나
기 퍼붓 는거 리 를 나홀 로외 로이걸으 며
그리 —운부모 형제 다정한옛친 구—그러나 갈수없는신 세 홀 로
불행아 133

Dm G7 C /B Am Dm G7 C
가 슴 태 우 다 흙 속 으 로 묻 혀 갈 나 의 인 생 아
Dm G7 C /B Am Dm G7 C
깊 고
D
Dm G7 C /B Am Dm G7 C
맑 고 파 란 무 언 가 를 찾 아 떠 돌 이 품 팔 이 마 냥 친 구
Dm G7 C /B Am Dm G7 C
하 나 찾 아 와 주 지 않 는 이 곳 에 별 을 보 며 울 먹 이 네 이

불행아

혀 갈 나의인생 아 - - 묻혀 갈 나의인생
아 묻 혀 갈 나 의 인 생 아 - - 묻
혀 갈 나 의 인 생 아 -
혀 갈 나 의 인 생 아 - - 묻 혀 갈 나 의 인 생

두 바퀴로 가는 자동차

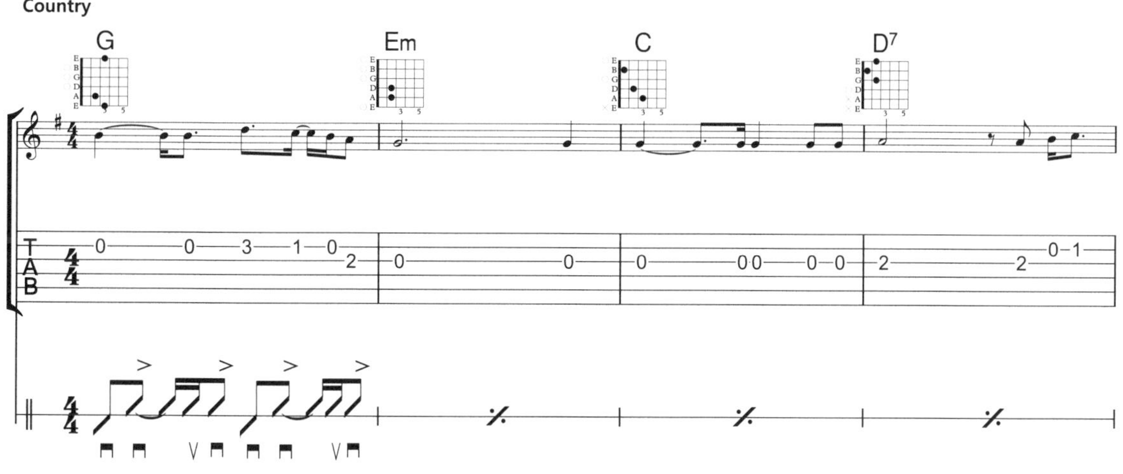

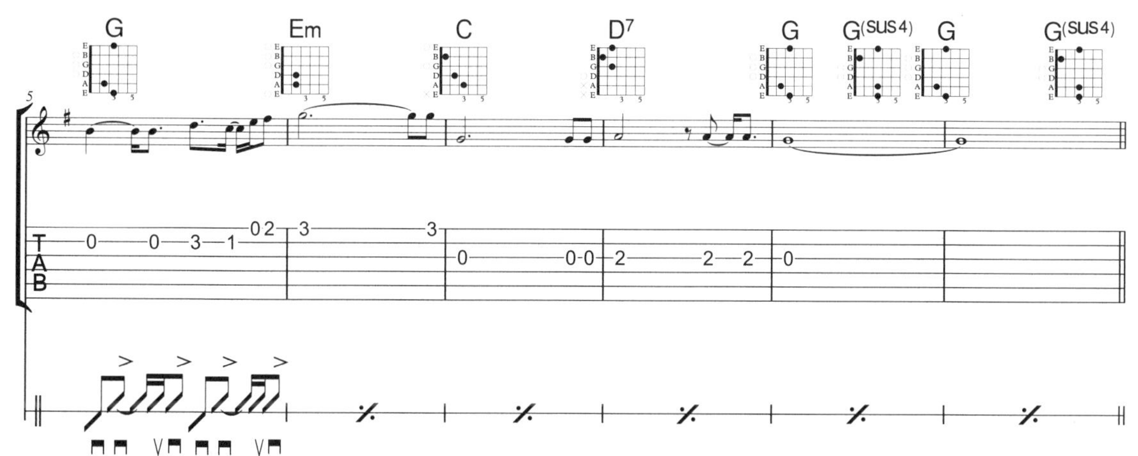

A
G Em C D7
두 바퀴로 가는 자 동 차   네 바퀴로 가는 자전거
G Em C D7
물 속 으로 나는 비 행 기   하 늘 로 - 나는 돛단배
G Em C G D7
복 잡 하고 아리송한   세 상 - 위 - 로 오늘 도애드벌 - 룬 떠 있건만
G Em C D7 G
포 수 에게잡 혀온   잉 어 만 이   한 숨 을내 쉰 다
B
G Em C D7
남 자 처 럼머리 깎 은 여 자 -   여 자 처 럼 머리 긴 남 자

가방 없이 학교 가는 아이 - 비 오는 날 신문 파는 애
복잡하고 아리송한 세상 - 위 - 로 오늘 도 애드벌 - 룬 떠 있건만
태공에게 잡혀온 참 새만이 긴 숨을 내 쉰 다

한여름에털장갑장수 한겨울에수영복장수
번개소리에기절하는남자- 천둥소리에하품하는
여자- 복잡하고아리송한세상-위로오
늘도애드벌-룬떠있건만 독사에게잡혀온
땅꾼만이 긴혀를내두른다

독사에게 잡 혀온 땅 꾼만 - 이 긴 혀를내 두른 다

사랑이라는 이유로

김형석 작사
김형석 작곡

이 젠 - 멀 어 져 - 기 억 속 으 로 - 묻 혀 함 께 나
누 던 - 우 리 의 - 많 은 얘 기 - 가 슴 에 남 - 아 이 젠 -
다 시 추 억 의 미 소 만 - 내 게 남 겨 - 주 네 나 의
눈 물 이 - 네 뒷 모 습 으 - 로 가 득 고 - 여 도 - 나 는

Em /D C#m7(b5) Am D(sus4) D7
너 를 떠 - 날 수 는 없 을 것 만 - 같 아 - 사 랑 이
C
G(sus4) G E(sus4) Em Am D7(sus4) D7 G(sus4) G
라 는 - 이 유 로 - 많 은 날 들 을 엮 어 가 - 고 언 젠 -
E(sus4) Em Am D7 G
가 는 우 리 가 함 께 나 - 눌 시 간 들 을 - 위 해 -
D
Abmaj7 Bb(sus4) Bb Eb(sus4) Eb Abmaj7

나의 눈 물이-네 뒷모 습으-로 가 득고-여 도
- 나는 너 를떠-날 수 는 없 을 것만-같 아 - 사랑이

라 는 - 이 유 로 - 많 은 날 들 을 엮 어 가 - 고
언 젠 - 가 는 - 우 리 가 함 께 나 - 눈 시 간 들 을 - 위 해

슬픈 노래

이장수 작사
김광석 작곡

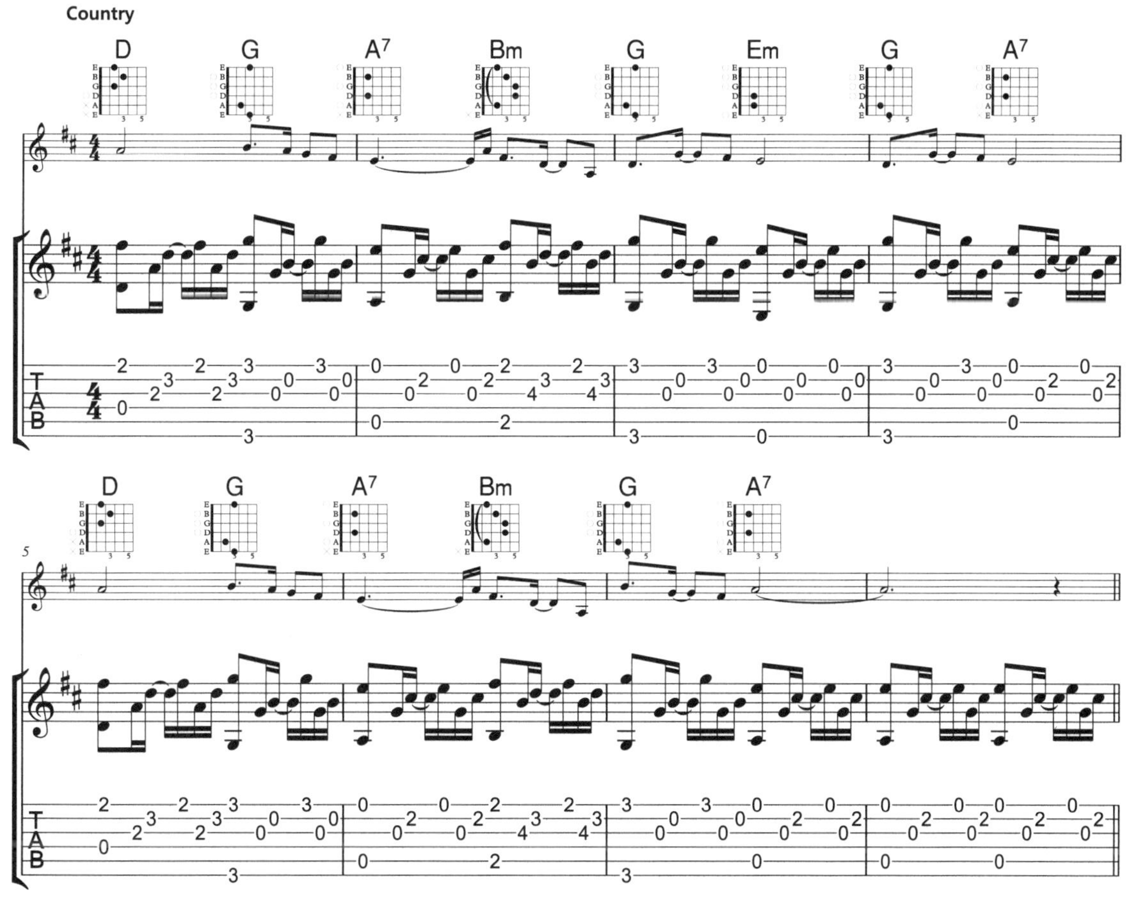

A
D G A7 D
이룰 수 없 는- 이 와-
밤늦은 여 행- 길 에-
어린- 아 이 에 게 서
사랑에 빠 졌 을- 때-
낯선 길 지 나 갈- 때-
어른의 모 습 을 볼 때-

G A7 D Bm G A7
너무나 사 랑 하- 여 이 별 을
사랑은 떠 났 지- 만 추 억 이
너무나 슬- 퍼- 서 눈 물 이
예 감 할- 때
살 아 날- 때
메 마 를- 때

B
D G A7 D
아픔을 감 추- 려 고
길가에 안 개- 꽃 이
노인의 주 름- 속 에
허탈히 미 소 질- 때-
너처럼 미 소 질- 때-
인생을 바 라 볼- 때-

G A7 D G D A7
슬픈 노 래 를 불 러 요- 슬 픈 노 래 를

D.C.

슬픈 노 래를 불러요- 슬픈노래 를

사랑했지만

한동준 작사
한동준 작곡

1. F G7 2. F G7 C C7
먼 지 사 이 로 - 사 라 져 버 려 -
B F G7 C F Dm G7
때 론 눈 물 도 흐 -르겠지- 그 리 움 으 로 -
F G7 C Am7 F G7
때 론 가 슴 도 져 -미겠지- 외 로 움 으 로 -
C F G F G C F
사 랑 했 - 지 만 - - 그 대 를
G7 C Am7 F
사 랑 했 -지만 - - - 그 저 이 렇 게 멀 리 서 바 -라 볼 -뿐

G7   C   F
다 - 가 설 - 수 없 어 - - -   지 친 그 대 곁 에
E7   Am7   F   G7
머 물 고 싶 - 지 만 떠 날 수 밖 에 -   그 대
F   G7   C
- 를 -   사 랑 했 - 지 만 -
D
G   Am   F   G7

그 대 를 - 사 랑 했 - 지 만

서른 즈음에

강승원 작사
강승원 작곡

Slow GoGo

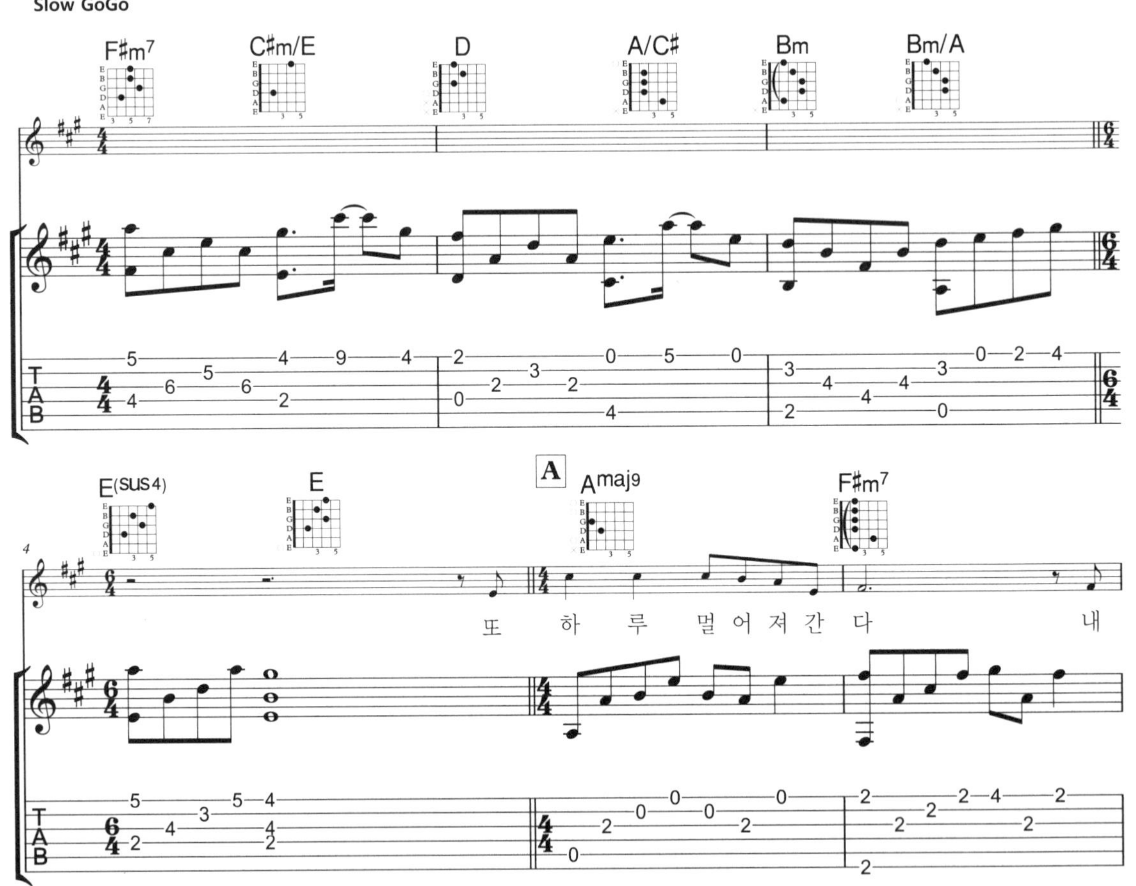

Bm   Bm/A   E(SUS4)   E   F#m7   F#m7/E
뽑 은 담 배 연 기 처 럼   작 기 만 한 내 기 억 속
Bm   A/C#   Bm   Bm/A   E(SUS4)   E
에   무 얼 채 워 살 고 있 는 지   점
Amaj9   F#m7   Bm   Bm/A   E(SUS4)   E
점 더 멀 어 져 간 다   머 물 러 있 는 청 춘 인 줄   알 았 는 데
F#m7   F#m7/E   Bm   A/C#   Bm   E   A
비 어 가 는 내 가 슴 속 엔   더 아 무 것 도 찾 을 수 없 네   계

절 은 다시돌아 오 지 만 떠 나 간 내 사 랑 – 은
어 디 에 – 내 가 떠 나 보 낸 것 도 아 닌 데 내
가 떠 나 온 것 도 아 닌 데 – 조
금 씩 잊 혀 져 간 다 머 물 러 있 는 사 랑 인 줄 알 았 는 데 또

하 루 멀 어 져 간 다 매 일 이 별 하 며 살 고 있 구
나 매 일 이 별 하 며 살 고 있 구 나
점
이 별 하 며 살 고 있 구 나 -

아스팔트 열기 속에서

연석원 작사
연석원 작곡

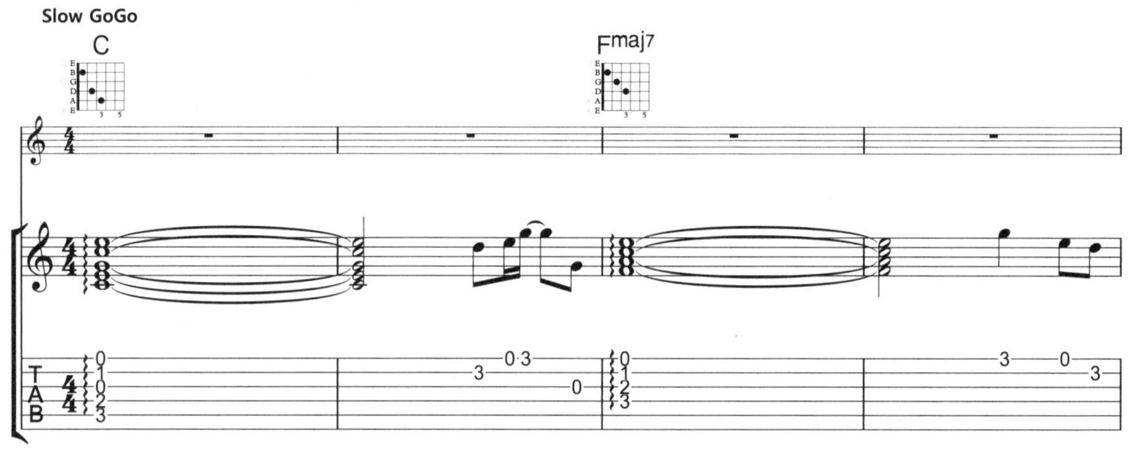

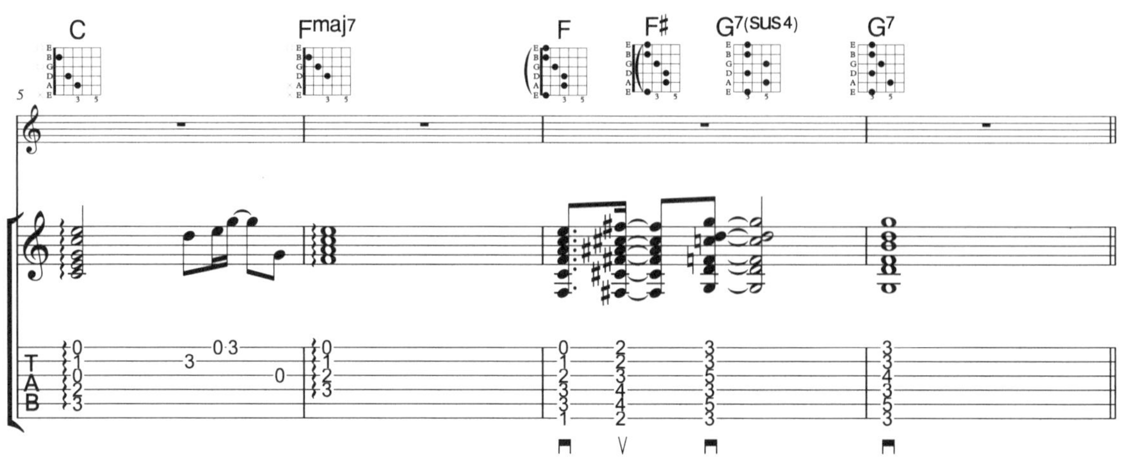

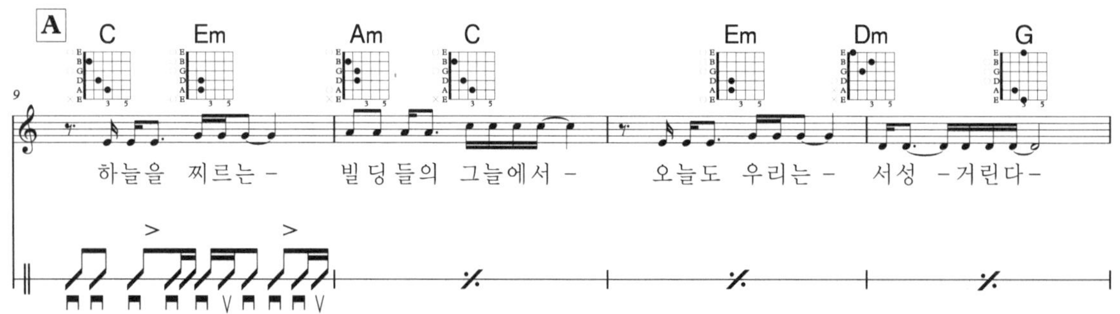

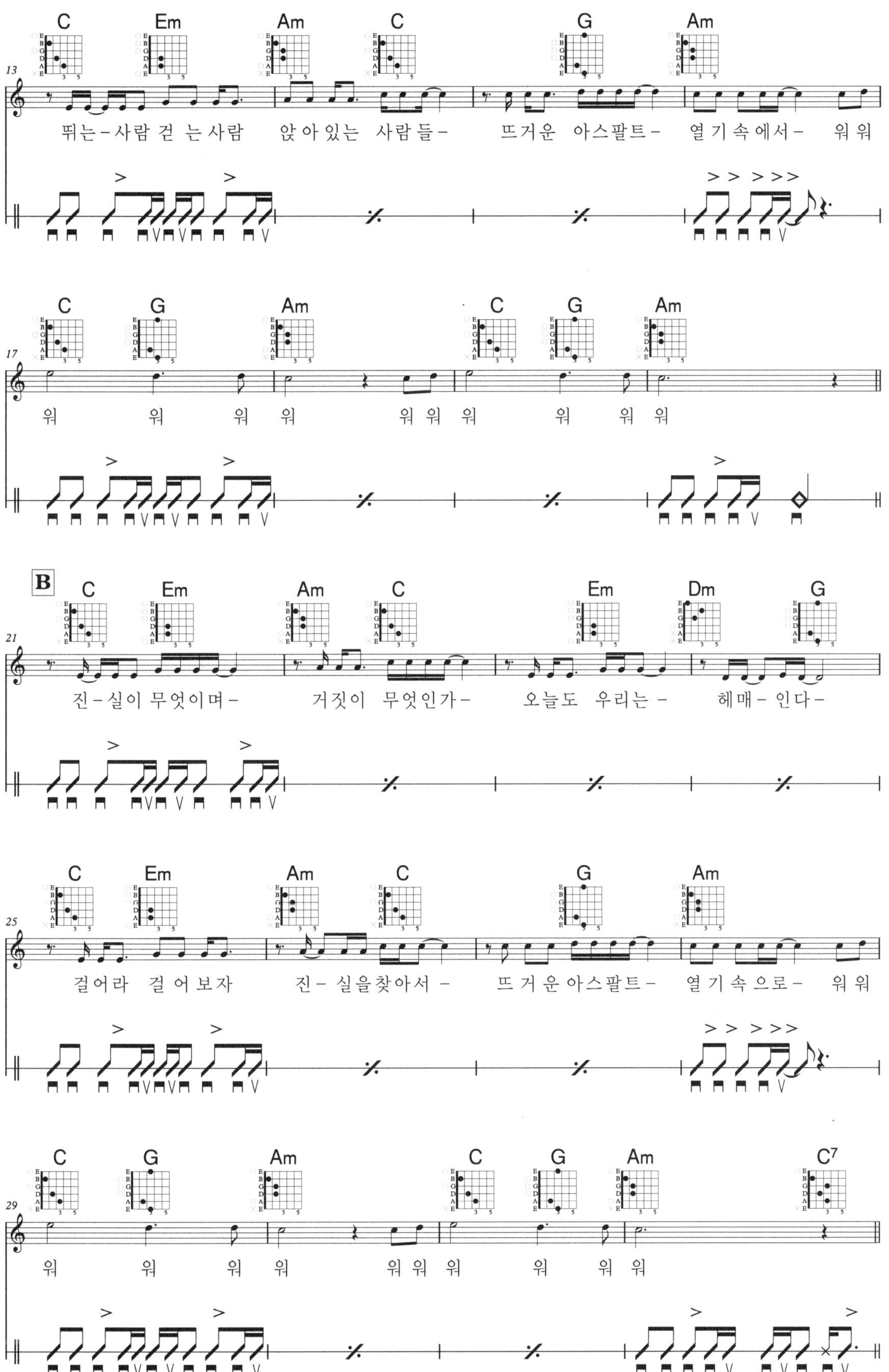

뛰는-사람 걷 는사람 앉아있는 사람들- 뜨거운 아스팔트- 열기속에서- 워 워
워 워 워 워 워워워 워 워 워
진-실이 무엇이며- 거짓이 무엇인가- 오늘도 우리는- 헤매-인다-
걸어라 걸 어 보자 진-실을찾아서- 뜨거운아스팔트- 열기속으로- 워 워
워 워 워 워 워워워 워 워 워

네 모 진 하 늘
그 조 각 난 꿈 속 에
지 쳐 잠 이 들 면
정 다 운 사 람 들
손 에 - 손 을 잡 고
함 께 춤 을 -
추 - 네 - -

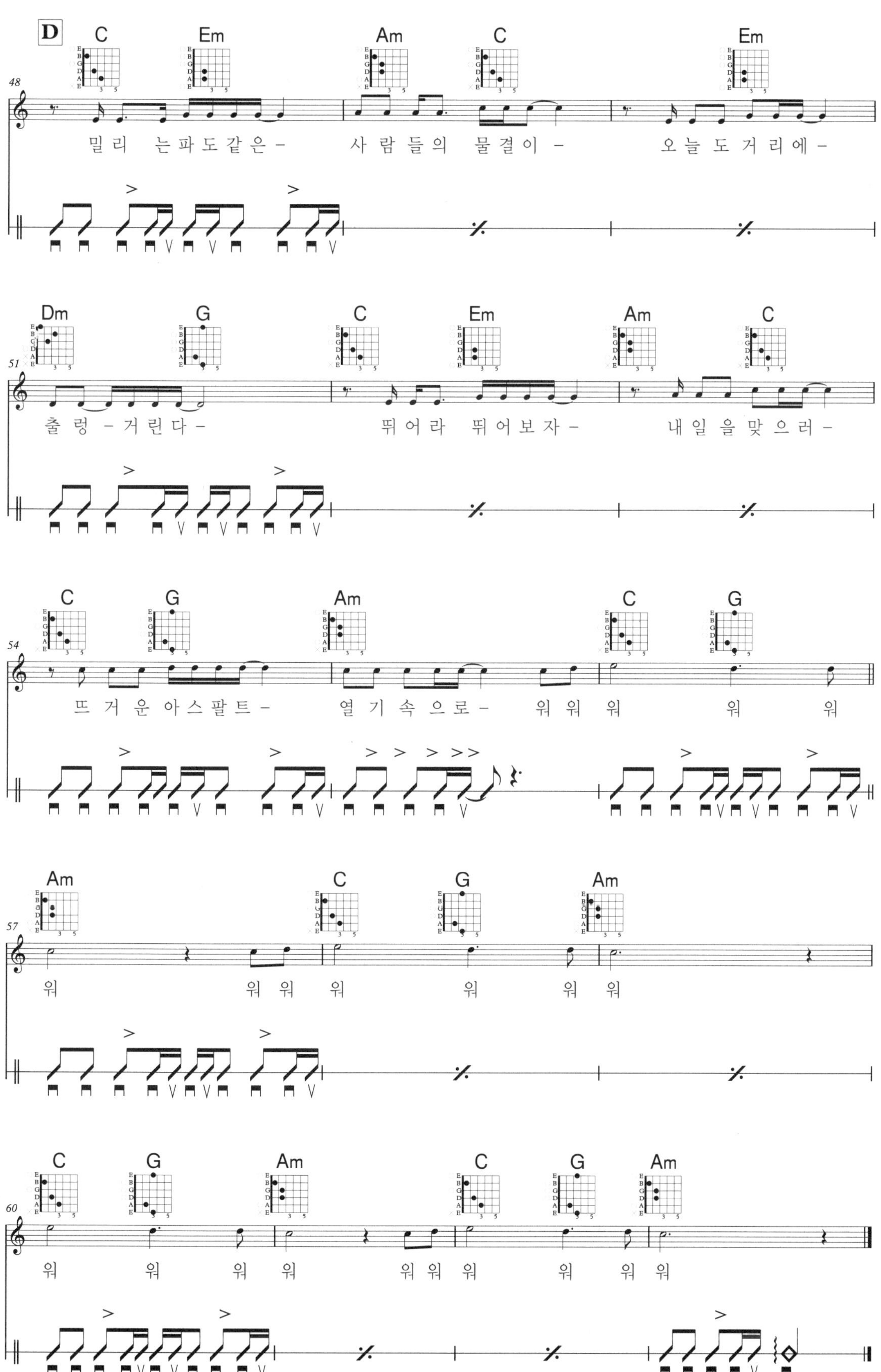
D
C Em Am C Em
밀 리 는 파 도 같 은 - 사 람 들 의 물 결 이 - 오 늘 도 거 리 에 -
Dm G C Em Am C
출 렁 - 거 린 다 - 뛰 어 라 뛰 어 보 자 - 내 일 을 맞 으 러 -
C G Am C G
뜨 거 운 아 스 팔 트 - 열 기 속 으 로 - 워 워 워 워 워
Am C G Am
워 워 워 워 워 워 워
C G Am C G Am
워 워 워 워 워 워 워 워 워 워

슬픈 우연

김광석 작사
김광석 작곡

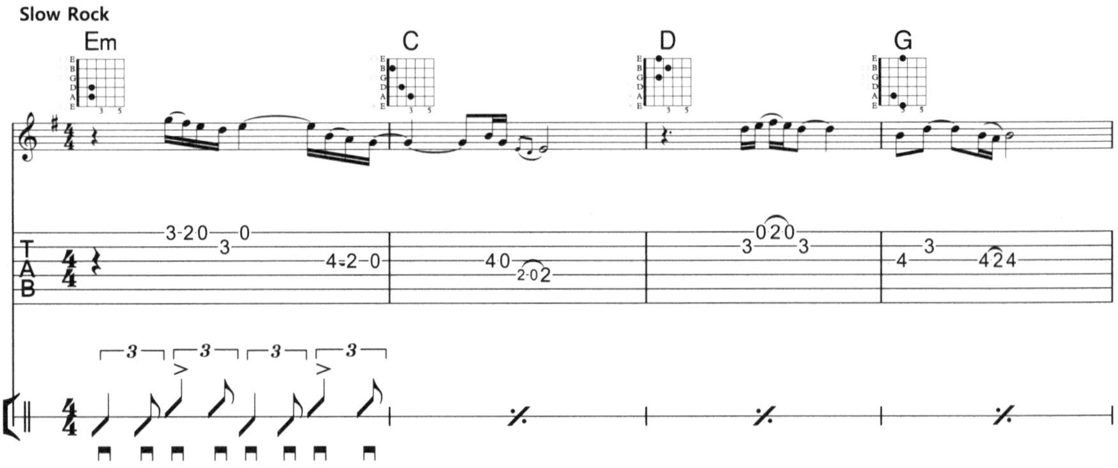

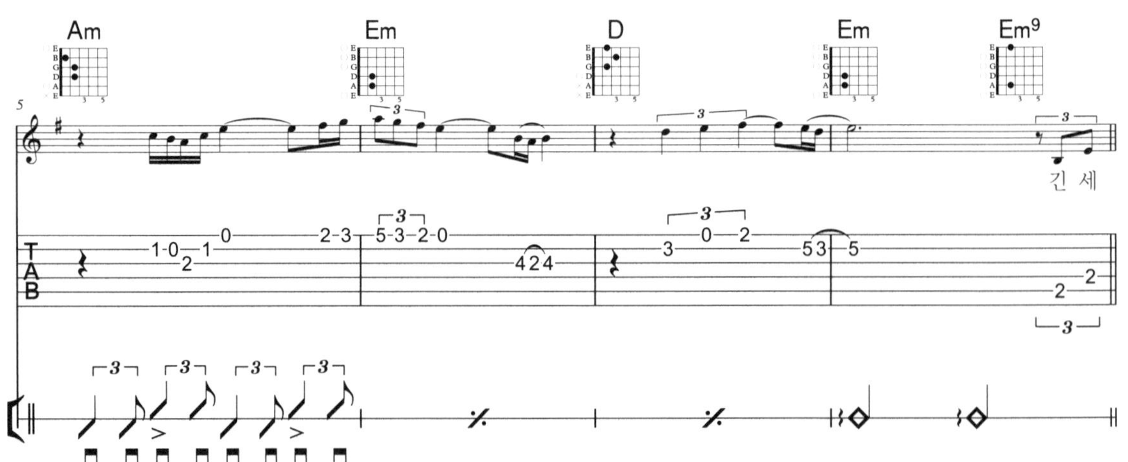

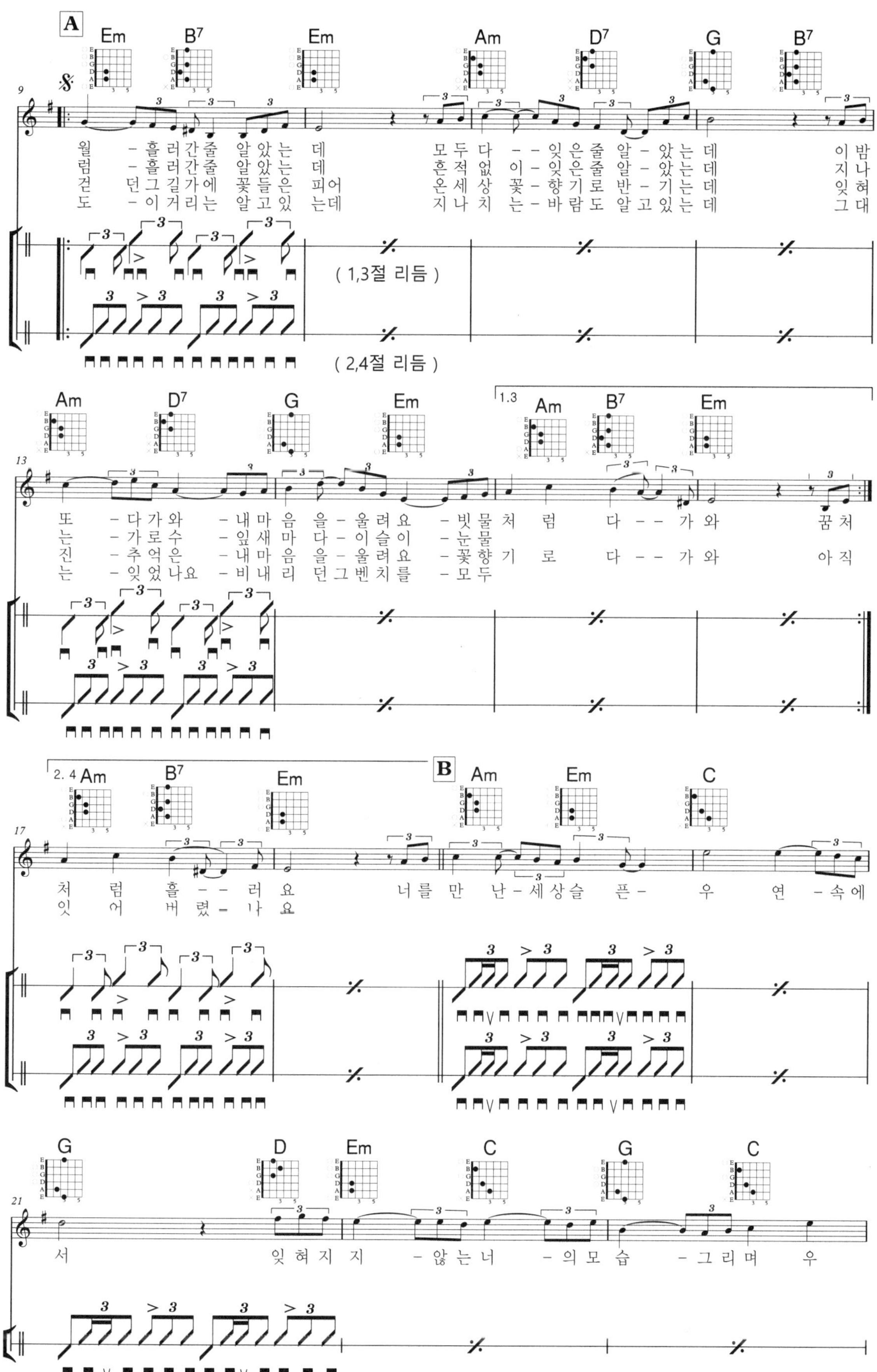

A
Em B7 Em Am D7 G B7
월 - 흘러간줄 알았는데 모두 다 - - 잊은줄 알 - 았는데 이 밤
럼 - 흘러간줄 알았는데 혼적없 이 - 잊은줄 알 - 았는데 지 나
건 던그길가에 꽃들은피어 온세상 꽃 - 향기로반 - 기는데 잊 혀
도 - 이거리는 알고있는데 지나치 는 - 바람도 알고있는데 그 대
(1,3절 리듬)
(2,4절 리듬)
Am D7 G Em 1.3 Am B7 Em
또 - 다가와 - 내마음을 - 울려요 - 빗물처럼 다 - 가와 꿈처
진 - 추억은 - 내마음을 - 울려요 - 꽃향기로 다 - 가와 아직
는 - 잊었나요 - 비내리던그벤치를 - 모두
또 - 가로수 - 잎새마다 - 이슬이 - 눈물
2.4 Am B7 Em B Am Em C
처 럼 흘 - - 러요 너를만 난 - 세상슬 픈 - 우 연 - 속에
잇 어 버렸 - 나요
G D Em C G C
서 잊혀지지 - 않는너 - 의모습 - 그리며 우

E 단조의 나란한 조인 G 장조의 메이저스케일(Major Scale)

G 메이저 스케일에서 4번째와 7번째 음을 뺀 나머지로 느낌대로 연주하면 기타솔로가 가능합니다.

4번째와 7번째 음을 뺀 다섯 음을 사용하기 때문에 펜타토닉(Pentatonic)이라고 합니다.

* 나란한조 : 조표가 같다는 뜻 # 1개일 때 (G장조나 E단조가 될 수 있습니다.)

안녕 친구여

김광석 작사
김광석 작곡

G   C   Am   D7
만 남 은 헤 어 짐 - 이 라   저 마 다 - 품 은 꿈 으 로 - 걸 어 가 -   안
C   G   D/F#   C   Am   Am/G
녕   친 구 여   다 시 모 - 여 웃 - 을 날 기
D7   G   D/F#   Em   Eb7
약 하 며   안 녕
D   Ab   Bbm   Eb7   Ab   Db

안
녕 친 구 여
다 시 모 - 여 웃 - 을 날 - 기 약 히 며   안
약 하 며   안 녕
안녕 친구여   167

어느 60대 노부부 이야기

김목경 작사
김목경 작곡

A
C G C F C
곱 - 고희 - -던그손으로 - 넥타 이를매어 주던때 어렴
Em Dm G C
풋 이 - 생각 나오 여보그때를 - 기억 - 하오 -
C G C F C
막 내아들 - 대학 시험 뜬 눈 으로지 내던 밤들 어렴
Em Dm G C
풋 이 - 생각나오 - 여보그때를 - 기억 - 하오 - 세월

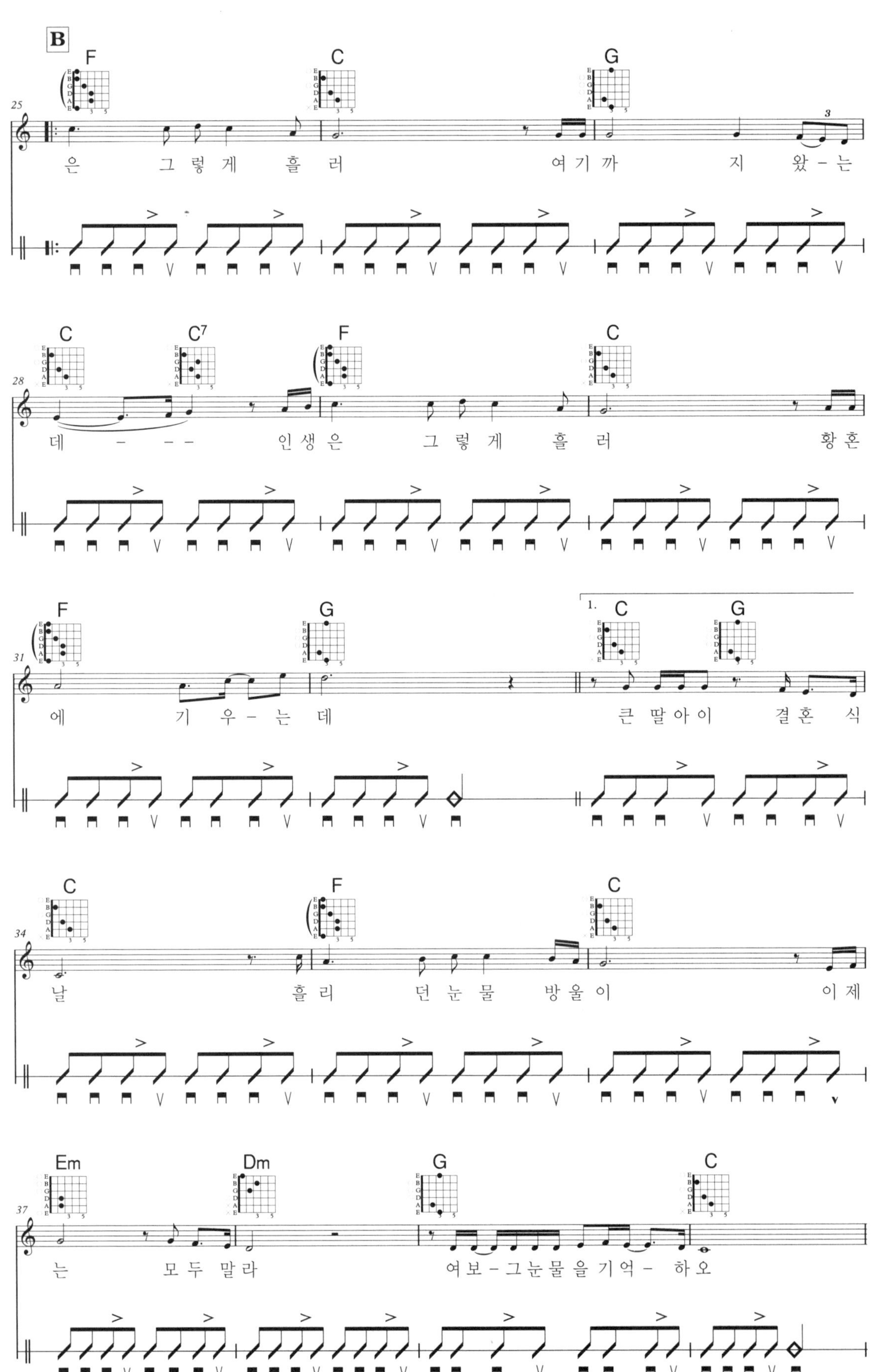
은 그렇게 흘러 여기까 지 왔 - 는
데 - - - 인생은 그렇게 흘러 황혼
에 기 우 - 는 데 큰 딸아이 결혼 식
날 흘리 던 눈 물 방 울 이 이제
는 모두 말라 여보 - 그 눈물을 기억 - 하오

F   G   C
41
C
C   G   C   F   C
43
세월이 - 흘러 - 가 네   흰 머 리 가 늘 어 가 네   모두
Em   Dm   G   C
47
가   떠 난 다 고   여보 내 손을 - 꼭 - 잡 았 소   세월
D   2.   C   G   C   F   C
51
다 시 못 올 - 그 먼 길을 -   어 찌 - 혼 자 가 - 려 하 오   여기

날 홀로 두고
여보왜한마디말 – 이없소
여보안녕히잘 – 가시게
여보안녕히잘 – 가시게
여보안녕히잘
가시게 –

이등병의 편지

김현성 작사
김현성 작곡

Am
Am7/G
Dm
G
C
10
- 고 던 습 이
대 문 밖 을 날 들 을 굳 어 진 다
나 설 때 잊 - 지 않 게 마 음 까 지
가 슴 열 차 뒷 동

* 1절 아르페지오 연주
2,3절 스트로크 연주 (다운 스트로크로만 연주합니다)

E
Am
Am7/G
F
G
13
속 엔 - 무 - 엇 인 가
시 간 - 다 - 가 올 때
산 에 - 올 - 라 서 면
아 쉬 움 이 남 지 만
두 손 잡 던 드 거 움
우 리 마 을 보 일 런 지
풀 한
기 적
나 팔

C
E
Am
Am7/G
Dm
G
17
포 기 소 리 소 리
친 구 얼 굴 - 멀 어 지 - 면 - 고 요 하 - 게 -
모 든 것 - 이 새 롭 다
작 아 지 - 는 모 습 들
밤 하 늘 - 에 퍼 지 면
이 제
이 제
이 등

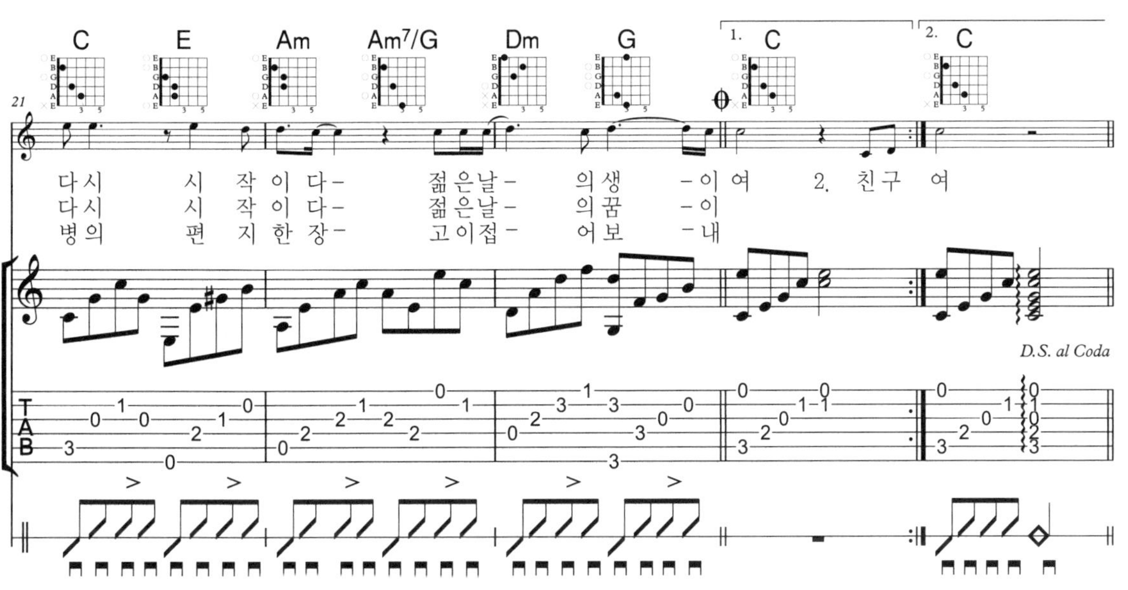

C E Am Am7/G Dm G 1. C 2. C
다시 시 작이다- 젊은날- 의생 -이 여 2. 친구 여
다시 시 작이다- 젊은날- 의꿈 -이
병의 편 지한장- 고이접- 어보 -내
D.S. al Coda

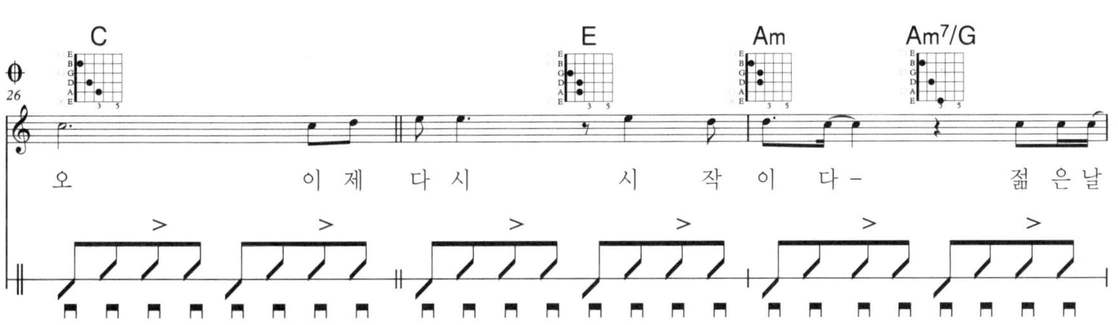

C E Am Am7/G
오 이 제 다 시 시 작 이 다- 젊 은 날

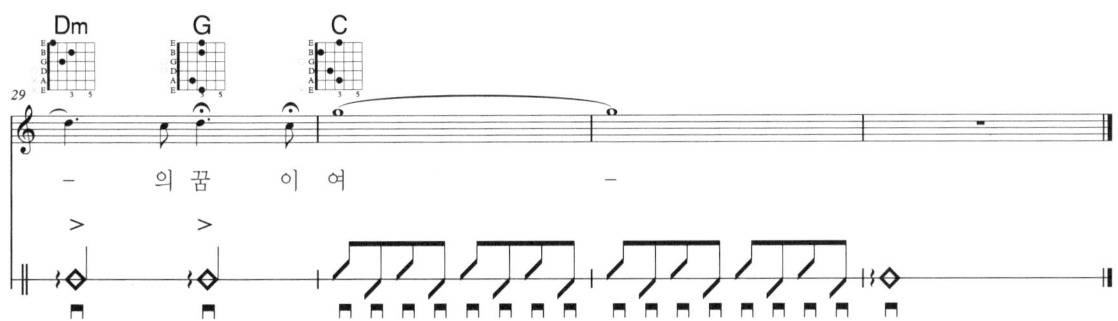

Dm G C
- 의 꿈 이 여 -

외사랑

한돌 작사
한돌 작곡

외사랑

눈 물 고 인 내 눈 속 에
별 하 나 가 깜 빠 이 네요 눈 을
감 으 면 흘 러 내 릴 까 봐
눈 못 감 는 내 사

외사랑
179

잊어야 한다는 마음으로

김광석 작사
김광석 작곡

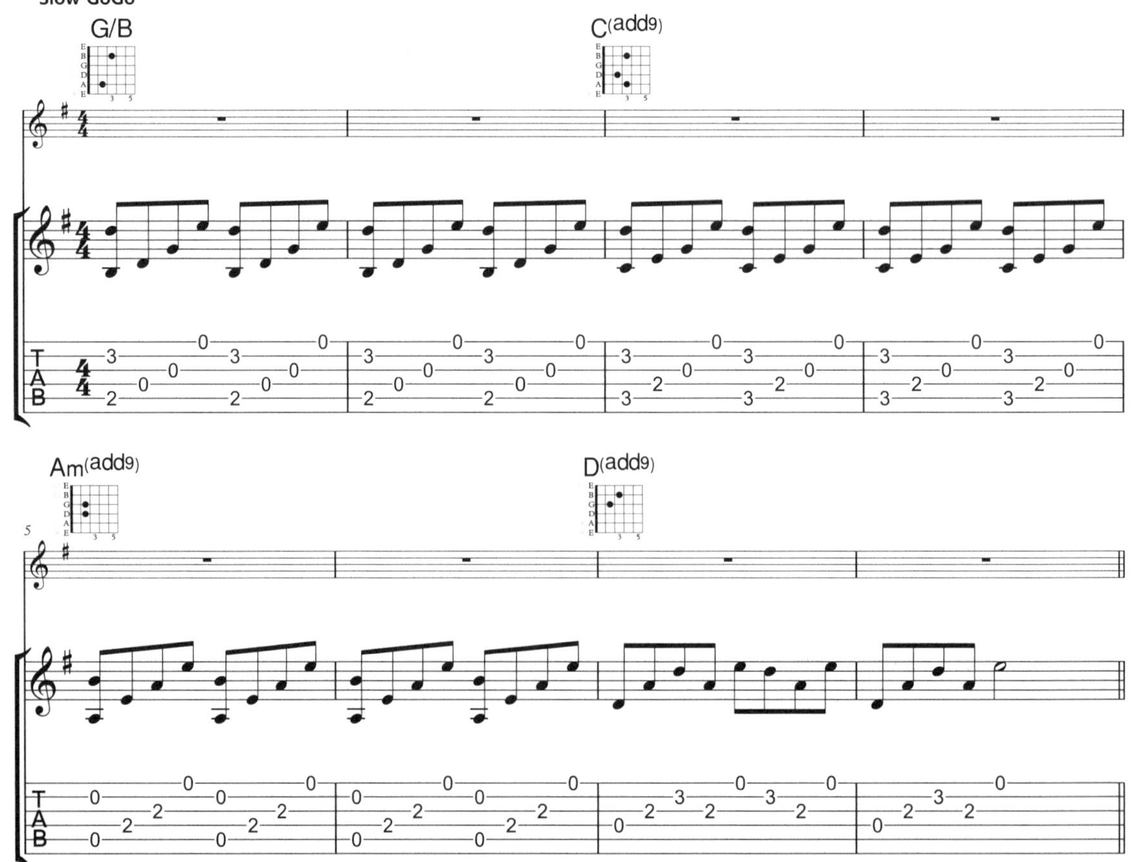

A
G D Em Bm C G D G
잊어야 한 다는 마 음으로- 내 텅 빈-방 문을 - 닫 은채로-
G D Em Bm C G D G
아직도 남 아 있 는 너 의- 향기 내텅 빈-방안에- 가 득 한-데 -
G D Em Bm C G D G
이렇게 홀로누워 천 정을 보니 눈앞 에-글썽이는- 너 의모습-
G D Em Bm C G D G
잊으려 돌아누운 내 눈 가에 말없 이-흐르- 는- 이슬방 울들

B
G D Em C Am G D
지 나 - 간 시 간 - 은 추 억 - 속 에 묻 히 면 그 만 인 것 을 -
밤 하 - 늘 에 빛 나 - 는 수 많 은 별 들 저 마 다 아 름 답 지 만 -
G D Em C Am G D
나 는 - 왜 이 렇 - 게 긴 긴 - 밤 을 또 잊 지 못 해 새 울 - 까
내 맘 - 속 에 빛 나 - 는 별 - - 하 나 오 직 너 만 있 을 뿐 이 야
C
G D Em Bm C G D G
창 틈 에 기 다 리 던 새 벽 이 오 면 - 어 제 보 - 다 커 진 - 내 방 안 에 -
G D Em Bm C G D G
하 얗 게 밝 아 온 유 리 창 에 - 썼 다 - 지 운 다 - 널 사 랑 해 -

하얗게 밝 아온 유 리창에 - 썼 다 - 지운 다 널 사 랑 해

잊혀지는 것

김창기 작사
김창기 작곡

C Em Am F
미없 풍을 을 타 고 서 져 손 에 잡 힐 것 어 안 만 리 석 던 음 란
것없 이을 이 깨 우 어 져 서 로 지 의 막 는 소 녕 식 마 저
F G 1.3 C
내 일 을 향 해 향 해 했 었 지 눈 부 신 햇 살
으 로 을 인 이 멀 어 나 져 갔었 지 지 숨 가 쁜 생 활
말 도 없 는 타 인 이 됐 지 지
2.4 C E B Am Em
우 그 리 움 으 로 잊 혀
G E Am F G
지 지 않 던 모 습 우 이 제 는 기 억 속 에

Em E7 Am
사 라 져 가 고 사 랑 의 아 픔 도
Em E Am
시 간 속 에 잊 혀 져 긴
F G C
침 묵 으 로 잠 들 어 가 지
C Dm7 G C Em Am

사 랑 이 라 말

긴 침 묵 으 로 잠 들 어 가 지

일어나

김광석 작사
김광석 작곡

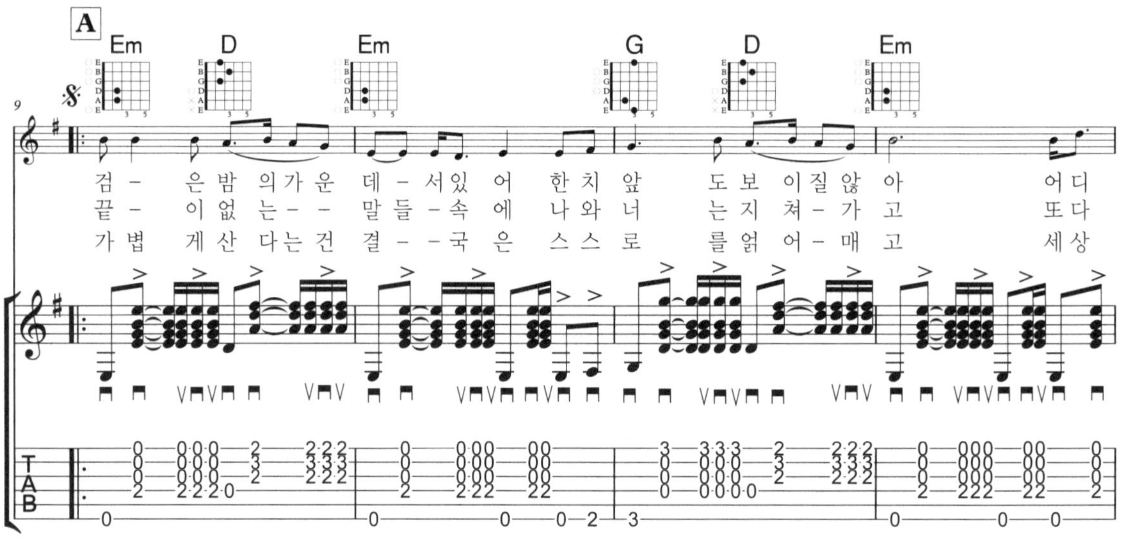

검 - 은밤의가운 데-서있어 한치앞 도보 이질않 아 어디
끝 - 이없는-- 말들-속에 나와너 는지쳐-가 고 또다
가볍 게산 다는건 결--국은 스스로 를얽어-매 고 세상

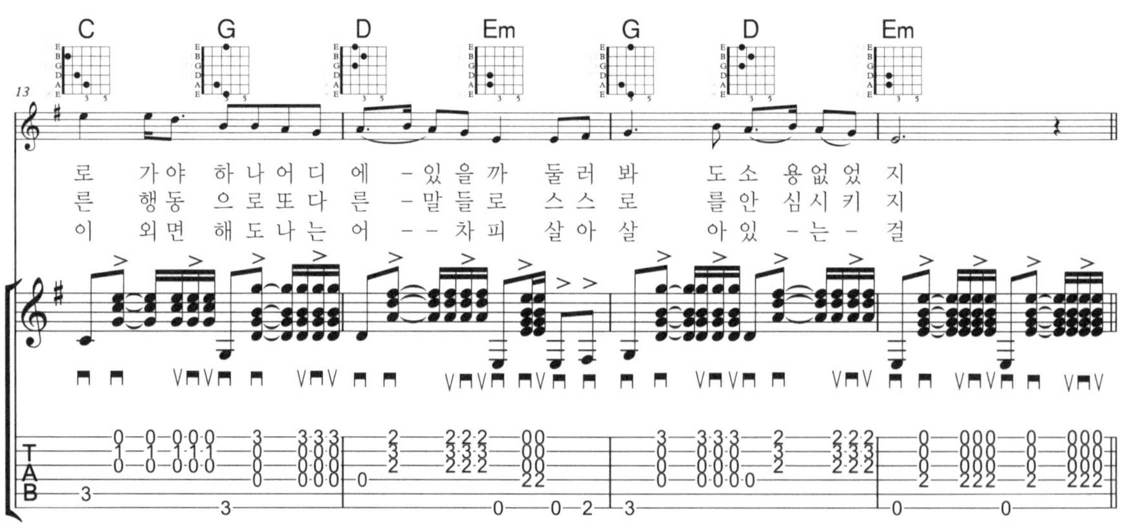

로 가야 하나어디 에 -있을까 둘러 봐 도소 용없었 지
른 행동 으로또다 른 -말들로 스스로 를안 심시키 지
이 외면 해도나는 어 --차피 살아살 아있 -는 - 걸

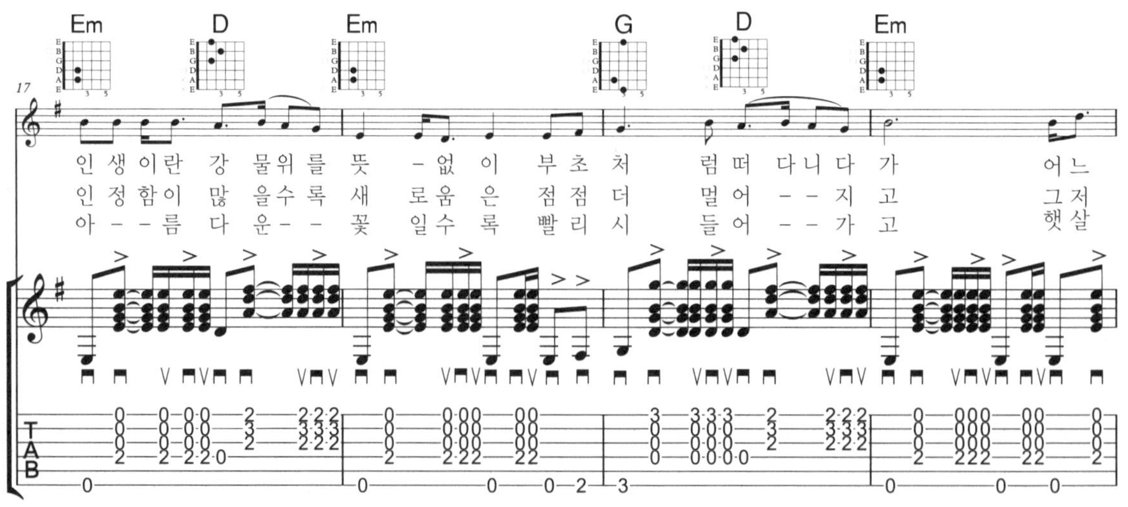

인생이란 강 물위를 뜻 -없 이부초처 럼떠 다니다 가 어느
인정함이 많 을수록 새 로움은 점점더 멀어 --지고 그저
아--름 다운-- 꽃 일수록 빨리시 들어 --가고 햇살

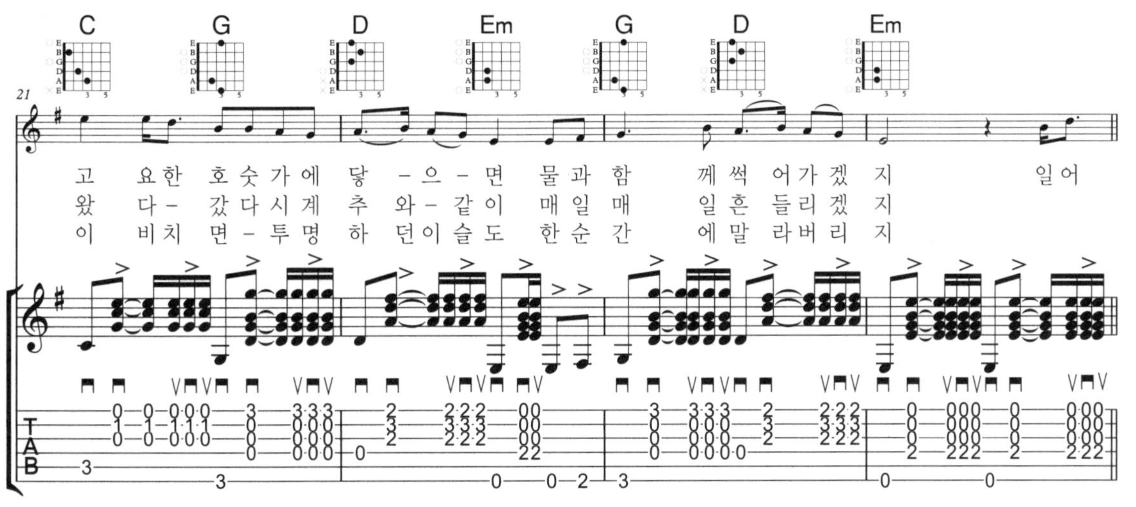

C G D Em G D Em
고 요한 호 숫 가에 닿 -으-면 물과 함 께 썩 어가겠 지 일어
왔 다- 갔 다시계 추 와-같이 매일 매 일 흔 들리겠 지
이 비치 면- 투 명 하 던이슬도 한 순 간 에 말 라버리 지

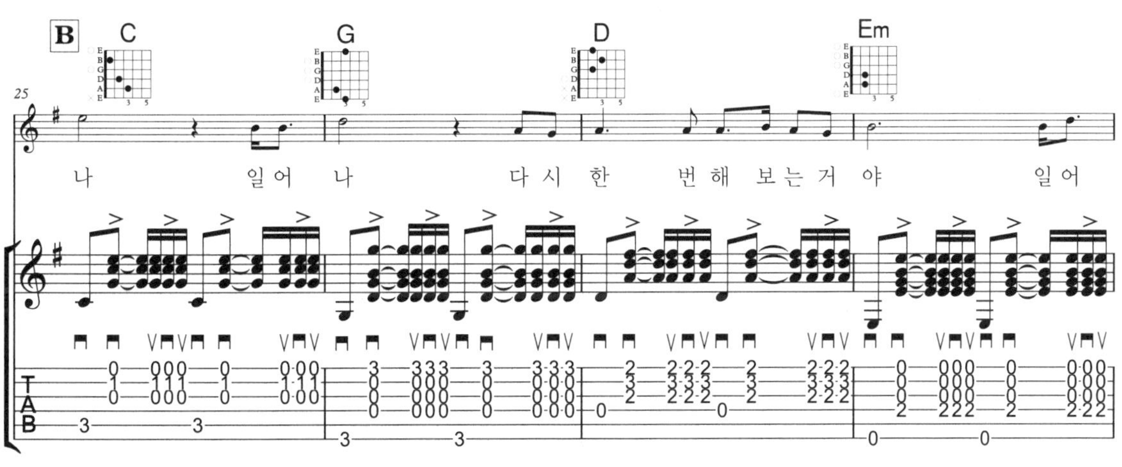

B
C G D Em
나 일어 나 다시한 번해 보는거 야 일어

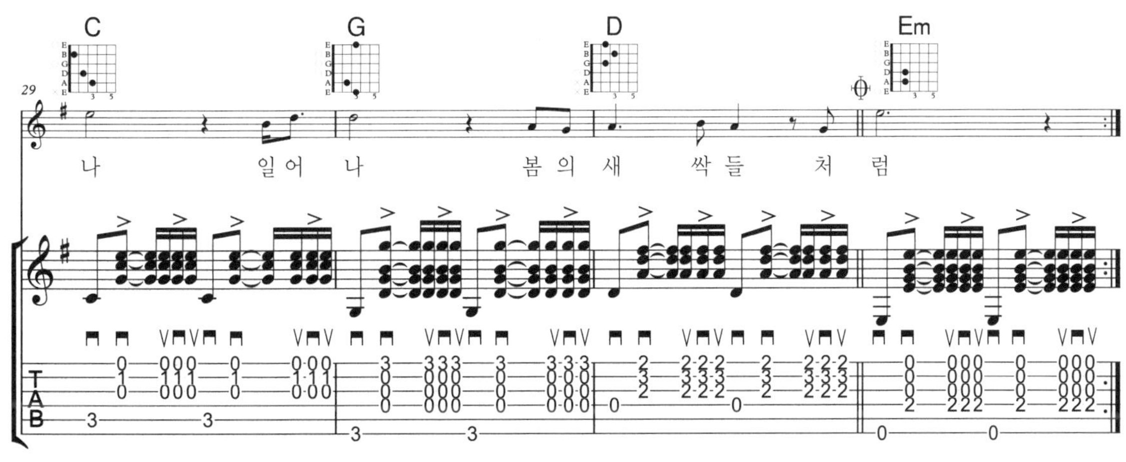

C G D Em
나 일어 나 봄의 새 싹들 처 럼

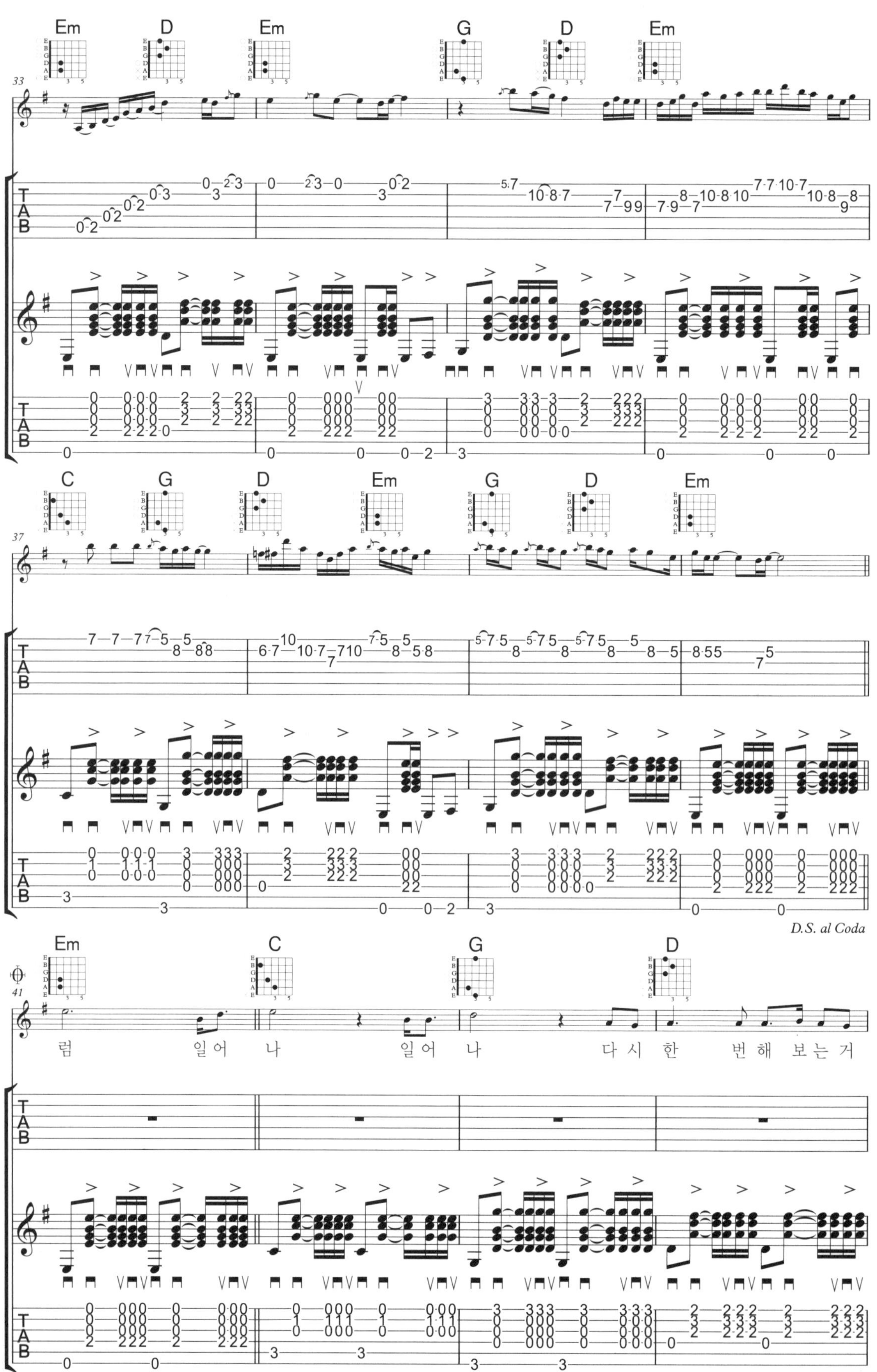

Em   D   Em   G   D   Em
C   G   D   Em   G   D   Em
D.S. al Coda
Em   C   G   D
럼   일어   나   일어   나   다시 한   번해 보는거

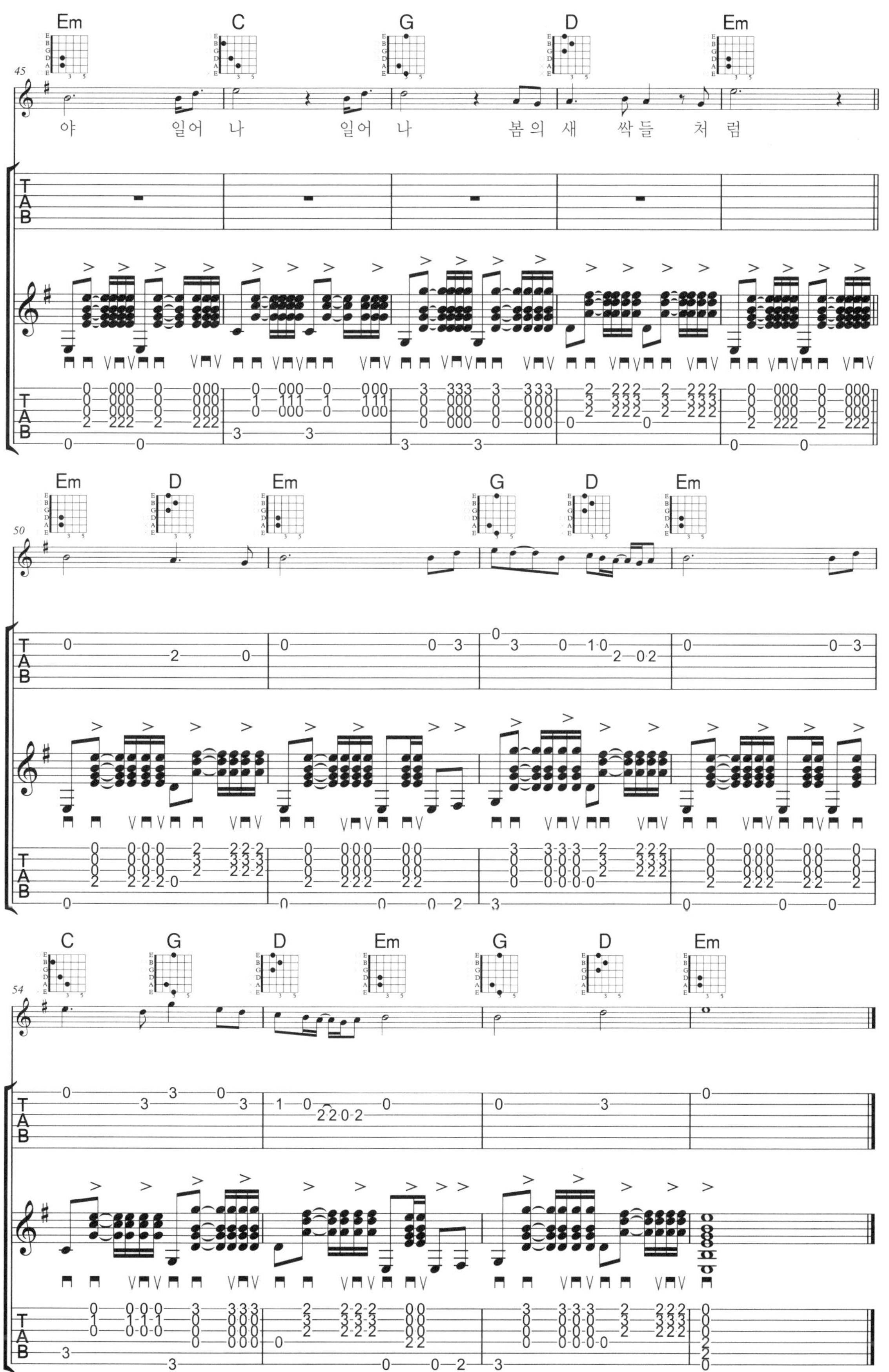
야 일어 나 일어 나 봄의 새 싹들 처 럼

자장가

김광석 작사
김광석 작곡

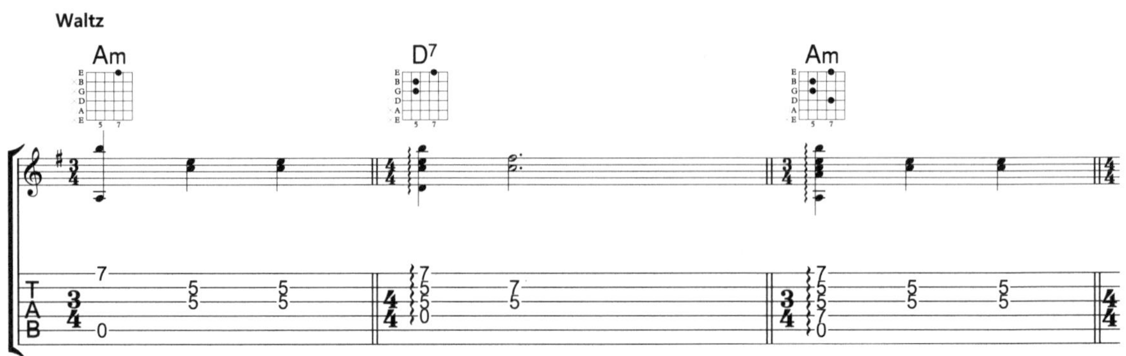

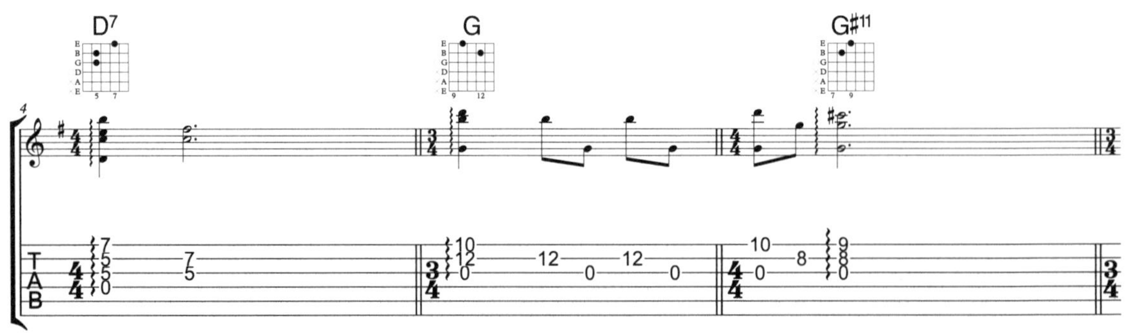

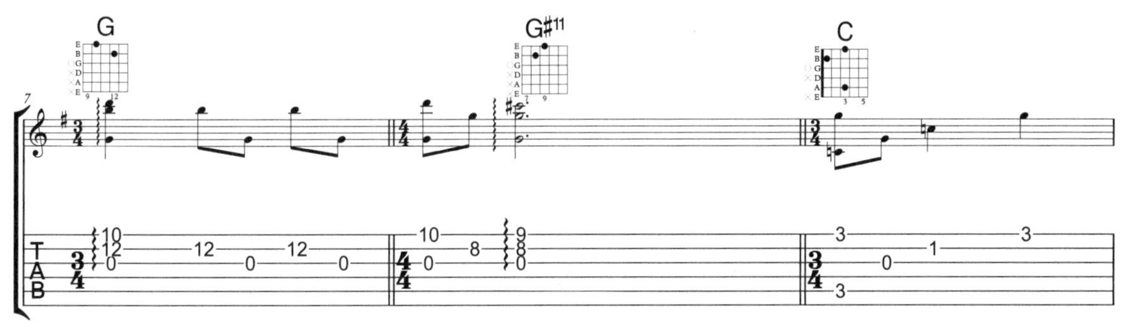

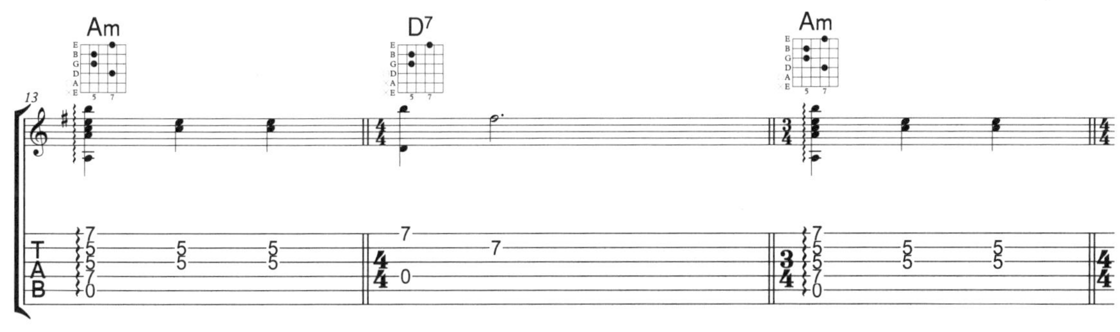

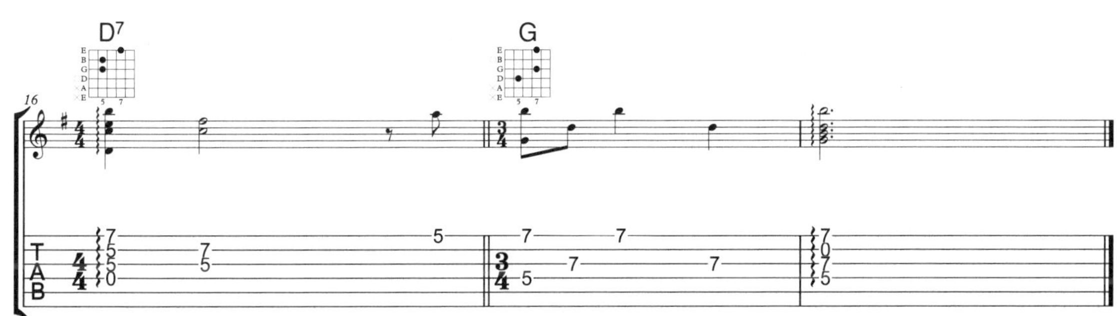

창

김광석 작사
김광석 작곡

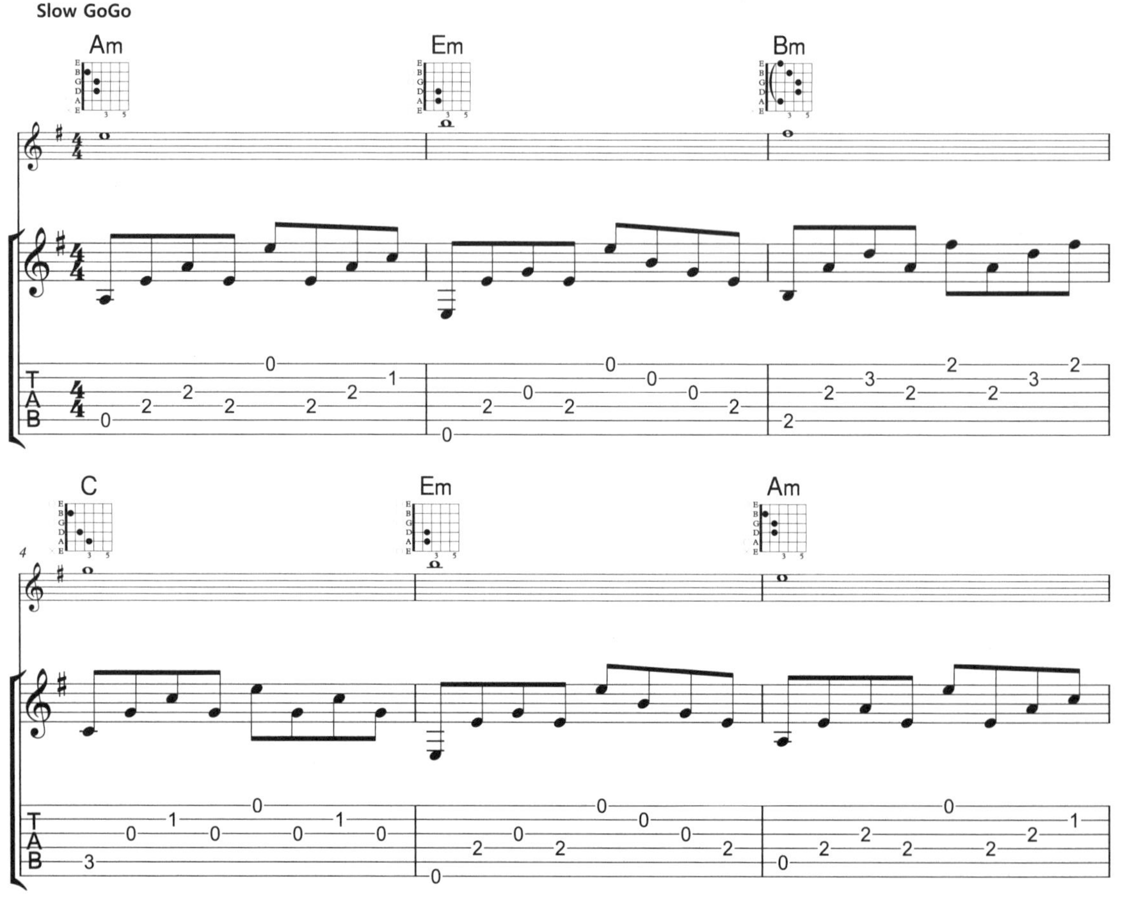

길 게 늘 어
검 은 하 늘
진 에
커 텐 사 이 로
별 들 사 이 로
그 대 모 습 이
그 대 모 습 이
얼 핏 보 여 요
사 라 져 가 요
어 둔 골 목 길
새 벽 안 개 속
나는그자리에 - 서 서 -
나는그자리에 - 서 서 -

Em C D7 G
그 대 그 림 자 바 라 보 고 만 - 있 네 -
달 힌 그 대 창 바 라 보 고 만 - 있 네 -
Em Bm D7 G
다 시 만 날 수 없 는 그 리 움 이 남 아 있 어 도 -
다 시 만 날 수 없 는 그 리 움 이 남 아 있 어 도 -
Em Am6 Am D7 G B7
C
Em Am D7
길 게 늘 어 진 커 텐 사 이
새 벽 이 슬 이 어 깰 적 시

G
D7/F#
Em
Am
로
고
그 대 모 습 이
그 대 모 습 이

D7
G
Em
Am
얼 팟 보 어 요
얼 핏 보 여 요

C
G
Em

Am
C
B7

Fade Out

자유롭게

김광석 작사
김광석 작곡

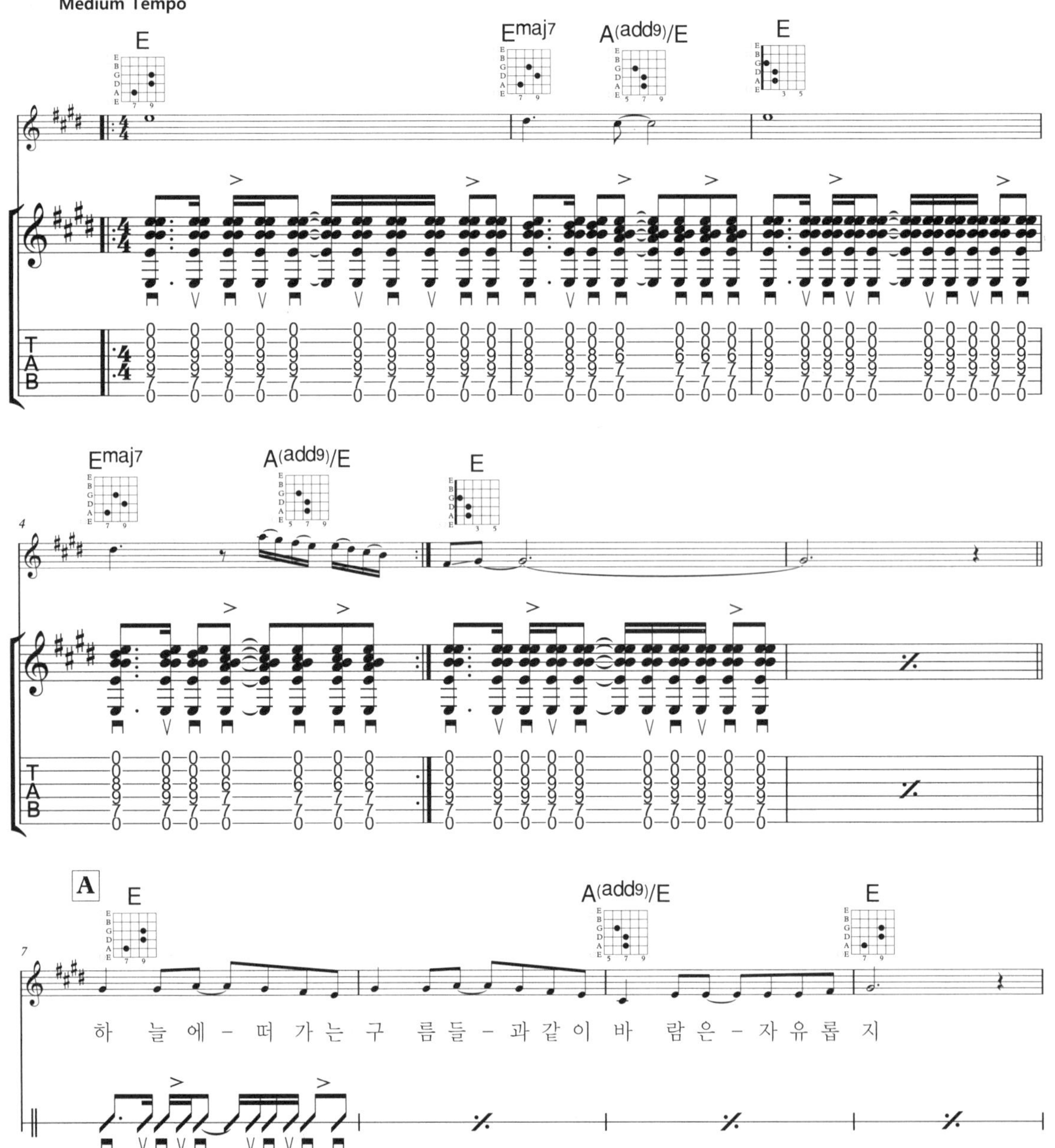

꽃 잎 위 – 에 맺힌 이 슬 방 – 울 처 럼 때 묻 음 없 이
타 오 르 – 는 태 양 은 은 히 – 비 추 는 달 빛 과 같 이
저 마 다 소 중 히 태 어 난 우 리 – 우 리 는 모 두 다 고 귀 한 존 재 –
자 유 롭 게 – – 자 유 롭 게 – –
바 람 처 럼 – – 자 유 롭 게 – –

C
E
A(add9)/E
열린 마음으로 － 그저 바라봐 －

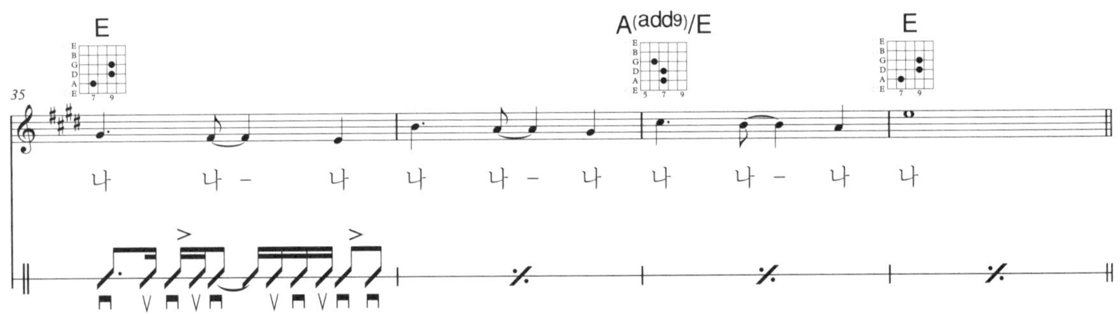

E
A(add9)/E
E
나 나 － 나 나 나 － 나 나 － 나 나

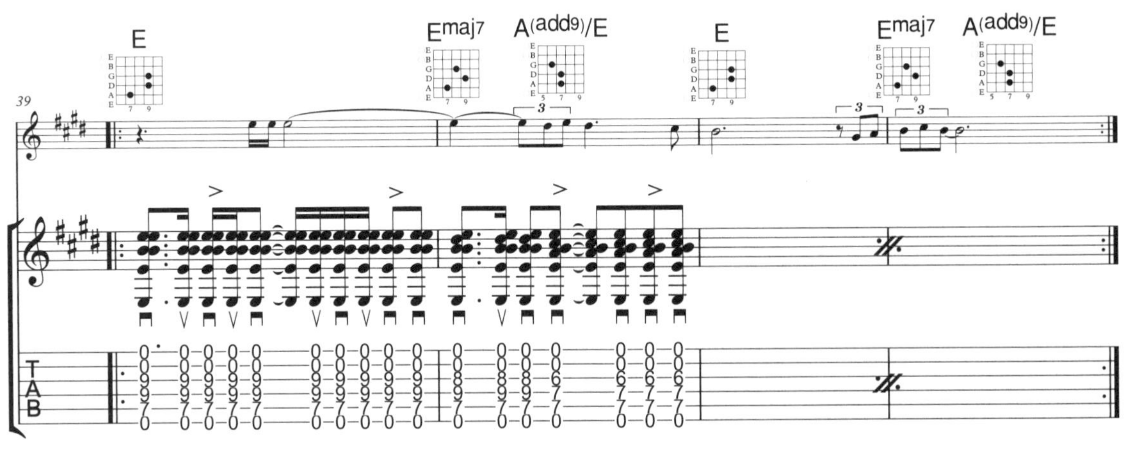

E
Emaj7
A(add9)/E
E
Emaj7
A(add9)/E
3
3
3
TAB

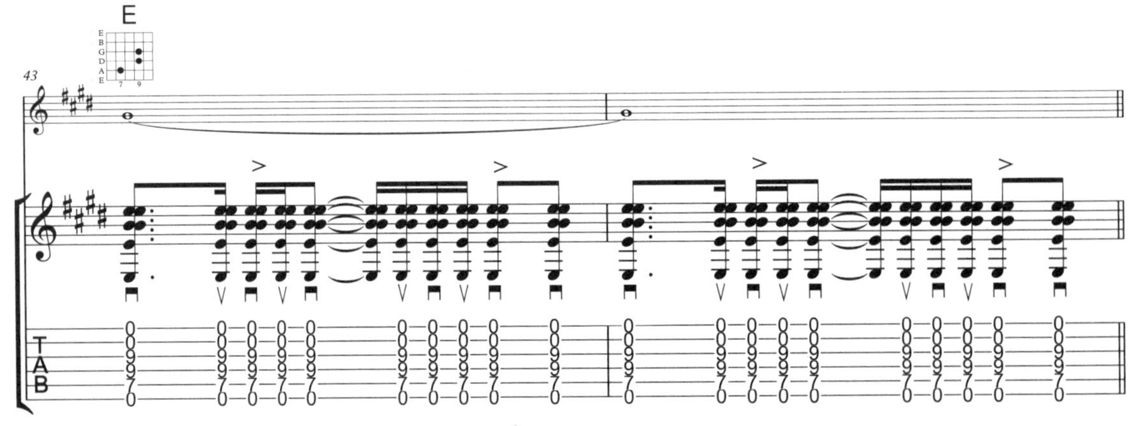

E
TAB

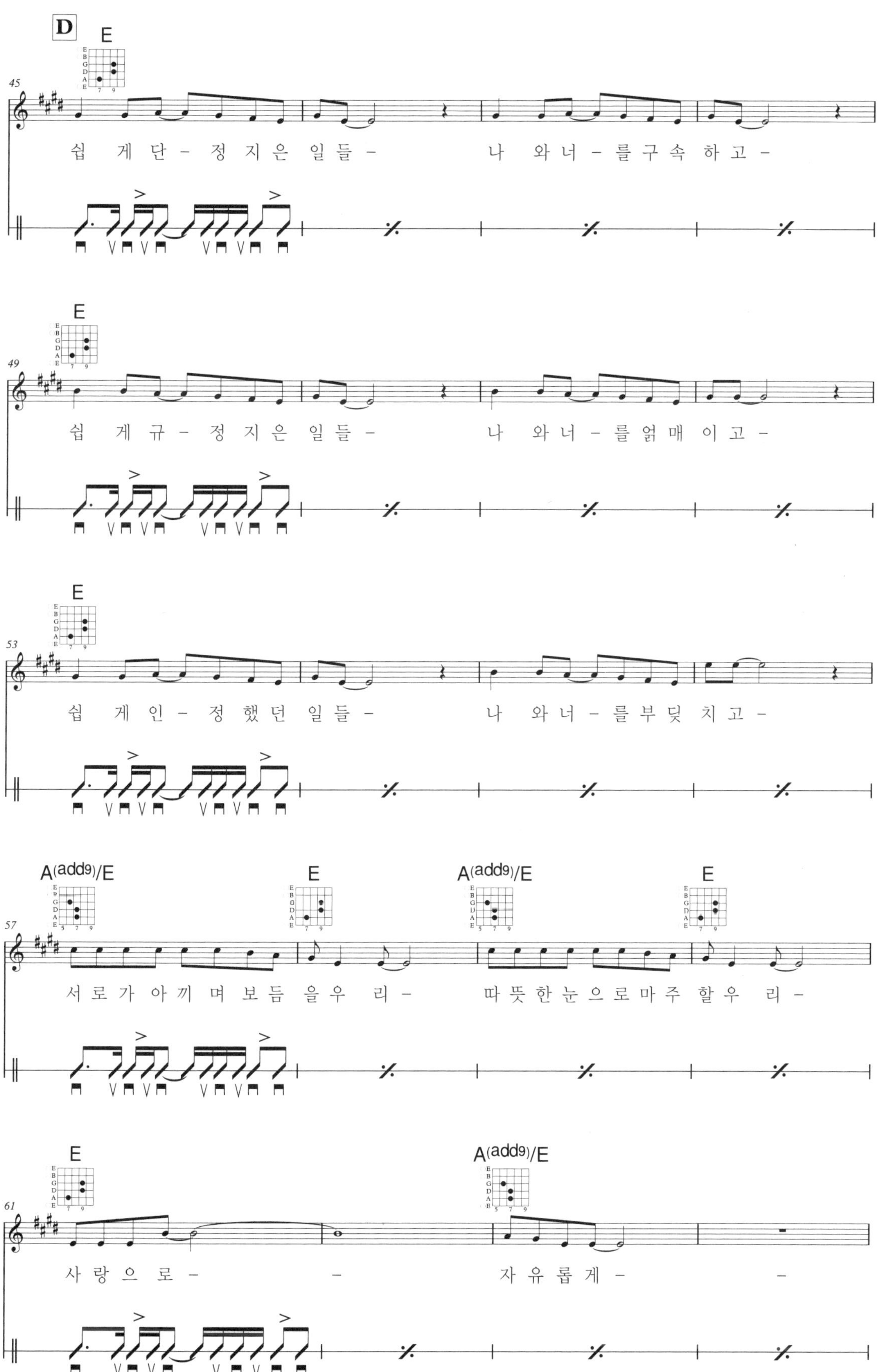

쉽게단 - 정지은일들 - 나 와너 - 를구속하고 -
쉽게규 - 정지은일들 - 나 와너 - 를얽매이고 -
쉽게인 - 정했던일들 - 나 와너 - 를부딪치고 -
서로가아끼며보듬을우 리 - 따뜻한눈으로마주할우 리 -
사 랑 으 로 - - 자 유 롭 게 - -

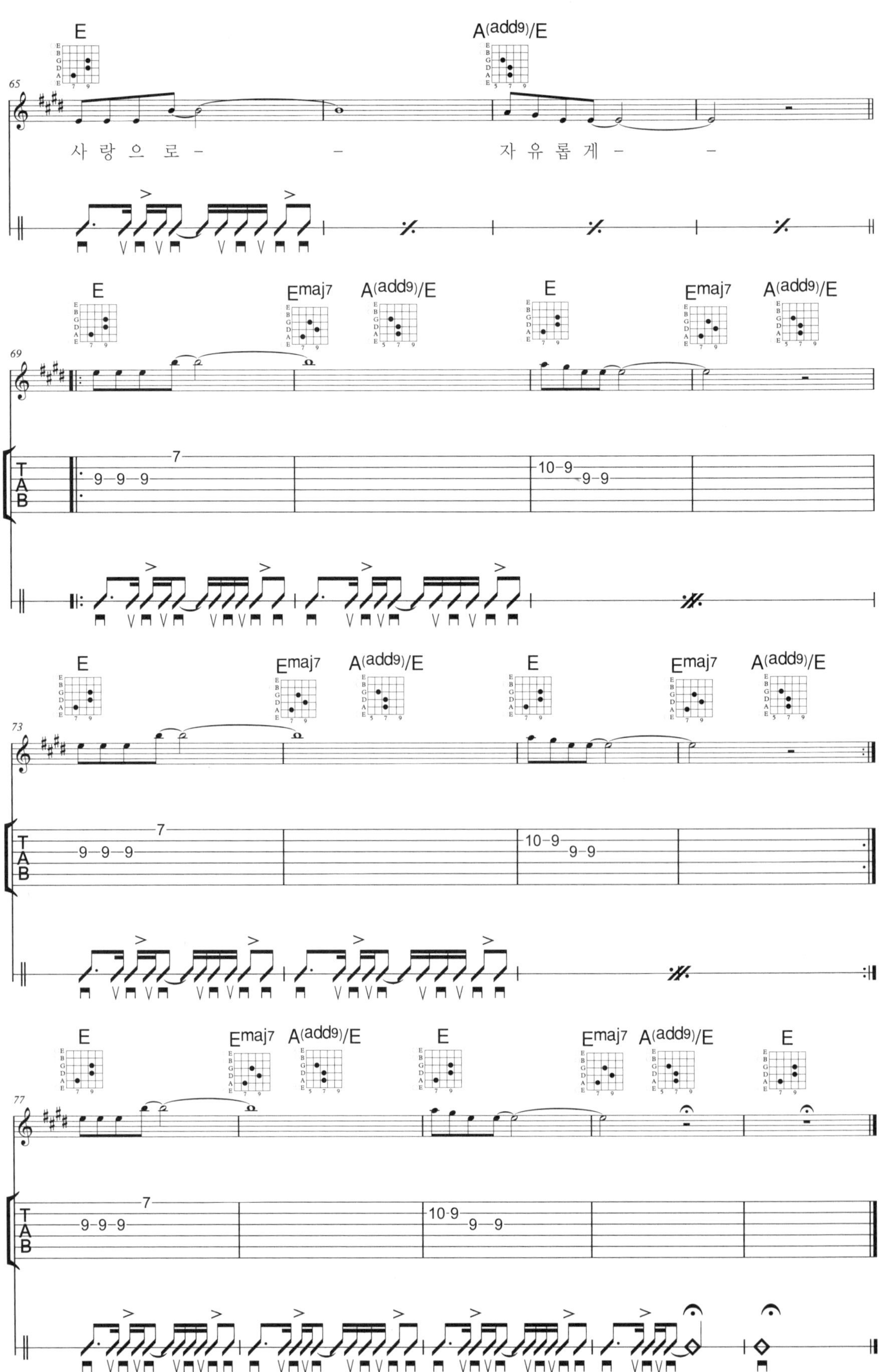

E
A(add9)/E
E   Emaj7   A(add9)/E   E   Emaj7   A(add9)/E
사 랑 으 로 - -   자 유 롭 게 - -

친구

김민기 작사
김민기 작곡

C   Am   Dm   G7
디 가 하 늘 이 고 어 디 가 물 이 오 그
모 두 진 정 이 라 우 겨 말 하 면 어

C   Cmaj7/B   C7/Bb   F
길 은 바 다 속 에 고 요 히 잠 기 면 무
느 누 구 하 나 가 홀 로 일 어 나 아

Fm   C   Am   Dm   G7   C
엇 이 산 것 이 고 사 람 무 엇 이 죽 었 소 눈
니 라 고 말 할 사 람 누 가 있 겠 소
P

C   G/B   A7   Dm   G7
앞 에 떠 오 는 친 구 의 모 습 흘

날 리 는 꽃 잎 위 에 어 른 거 리 오 저
멀 리 들 리 는 친 구 의 음 성 달
리 는 기 차 바 퀴 가 대 답 하 려 나 (달)
리 는 기 차 바 퀴 가 대 답 하 려 나

타는 목마름으로

김지하 작사
이성현 작곡

이   네 이 름   을 남 몰 래 쓴 - 다   타 는
이   서 툰 백 묵 글 씨 로 쓴 - 다
목 마 름 으 로 타 는 목 마 름 으 로   민 주
주   의 여 만   세   살 아 세   타 는
목 마 름 으 로 타 는 목 마 름 으 로   민 주
주   의 여 만   세

혼자 남은 밤

박용준 작사
박용준 작곡

F G C G/B Am Dm G 1.C G 2.C

외로운밤- 을홀-로 지샌내 모-습 하얀별 나를- 비춰 주네 -
가만히나- 에게-서 멀어져 가-면 눈물그위로- 떨어 지네

B
F G Am F G C
외롭게 나만 남-은이공간- 되올 수없- 는-시간--들-

F G C G/B Am F Dm G
빛바랜 사-진 속에 내- 모 습은- 더욱-더-쓸쓸하게-보이네

C
C G/B Am Am/G F G C G/B Am
아 이 렇-게- 슬퍼질 땐 거-리를 거 닐 자
노-래를 부르 자

환 하 게 - 밝 아 지 는 - 내 눈 물 -
어둠이 짙 - 은 - 저녁 하 늘 - 별빛 내 창 - 에 부 - 서 지고
외로 운 밤 - 을 홀 - 로 지 샌 내 모 - 습 하 얀 별 나 를 - 비 춰 주 네 -
D.S. al Coda

E
41
C G/B Am Am/G F G
아 이렇게 슬퍼질 땐 노 - 래 를
44
C G/B Am F Fm
부 르 자 삶에 가득 - 여러 송이 - 희망
47
C G/B Am F Fm
을 환 하게 - 밝아 지는 - 내눈 -
50
C G/B Am Am/G F G C
물

회귀

김지하 작사
황난주 작곡

Original Key = Ab Capo 1 fret

목련은 피어 –
흰빛만 하늘로 – 외롭게
오 르고
바 람 에 찢 겨
한 잎 씩
꽃 은 흙 으 로 가 네
검 은 등 걸 속 –
Harm.
F#m7(b5)
B7
Am6
D
G
E7/G#
Am7
Gmaj7
Cmaj7
A

남 기 - 고 젊 은 날
봄 날 은 가 네 -
그 빛 만
하 늘 로 - 오 르 고
빛 을 뿜 던
저
꽃 들 은 가 네

흐린 가을 하늘에 편지를 써

김창기 작사
김창기 작곡

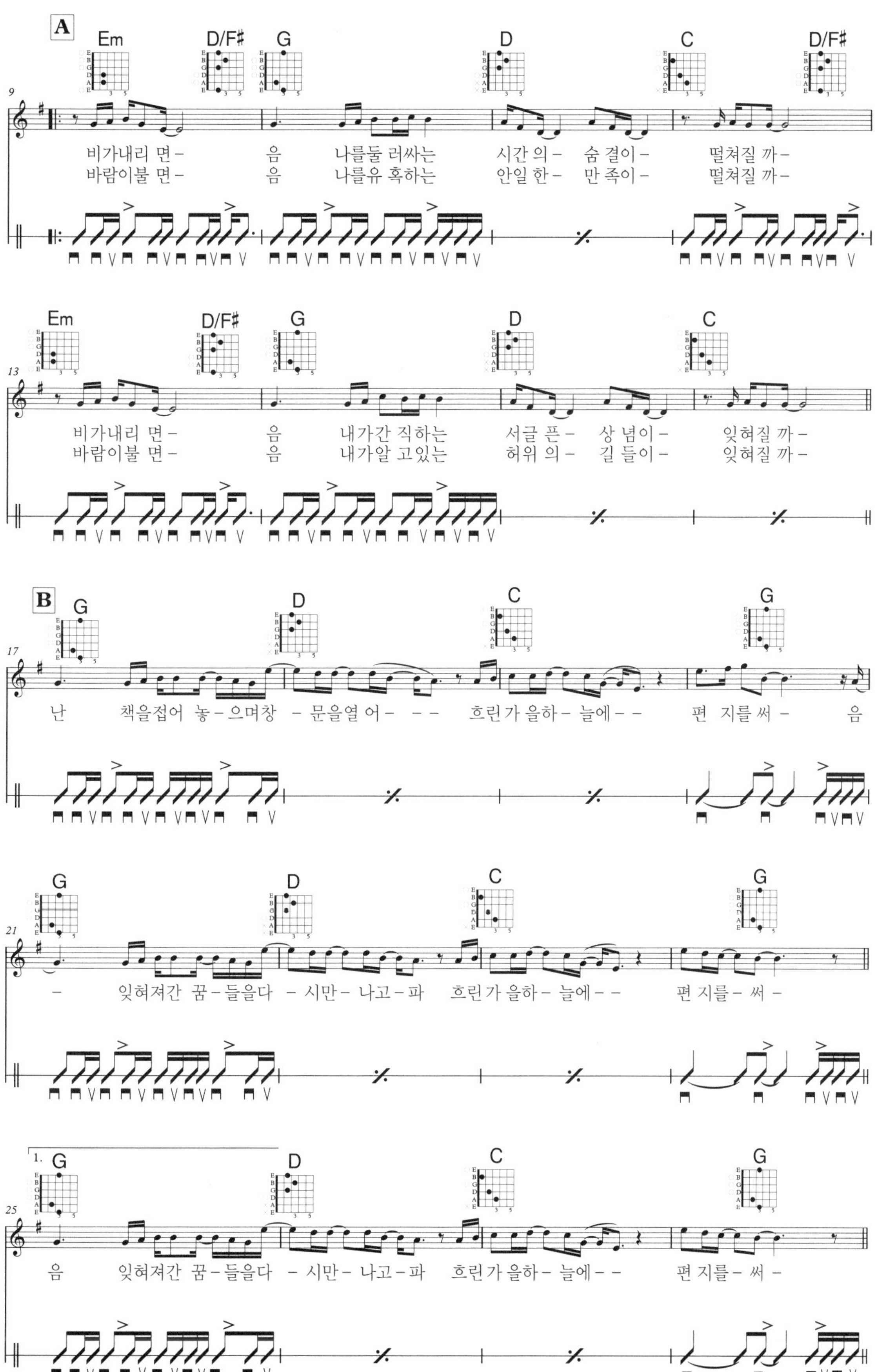

A
Em D/F# G D C D/F#
비가내리 면 - 음 나를둘 러싸는 시간 의 - 숨 결이 - 떨쳐질 까 -
바람이불 면 - 음 나를유 혹하는 안일 한 - 만 족이 - 떨쳐질 까 -
Em D/F# G D C
비가내리 면 - 음 내가간 직하는 서글 픈 - 상 념이 - 잊혀질 까 -
바람이불 면 - 음 내가알 고있는 허위 의 - 길 들이 - 잊혀질 까 -
B
G D C G
난 책을접어 놓 - 으며창 - 문을열 어 - - - 흐린가 을하 - 늘에 - - 편 지를써 - 음
G D C G
- 잊혀져간 꿈 - 들을다 - 시만 - 나고 - 파 흐린가 을하 - 늘에 - - 편 지를 - 써 -
1. G D C G
음 잊혀져간 꿈 - 들을다 - 시만 - 나고 - 파 흐린가 을하 - 늘에 - - 편 지를 - 써 -

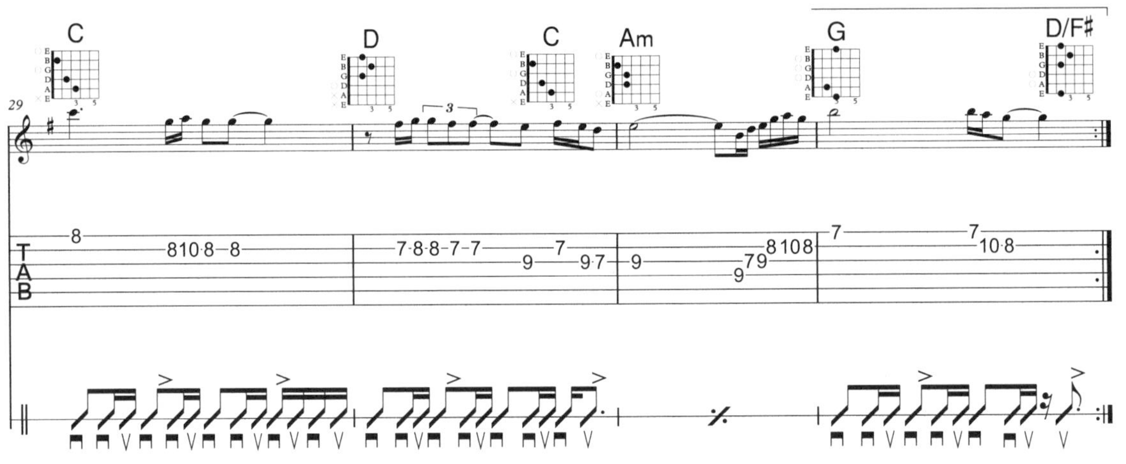

C D C Am G D/F#
29
8 810·8-8 7·8·8-7-7 7 9 97 9 79 8 108 7 7 10·8

C 2. G D C G
33
난 책을접어 놓-으며창-문을열어- - - 흐린가 을하-늘에- - 편 지를써- 음

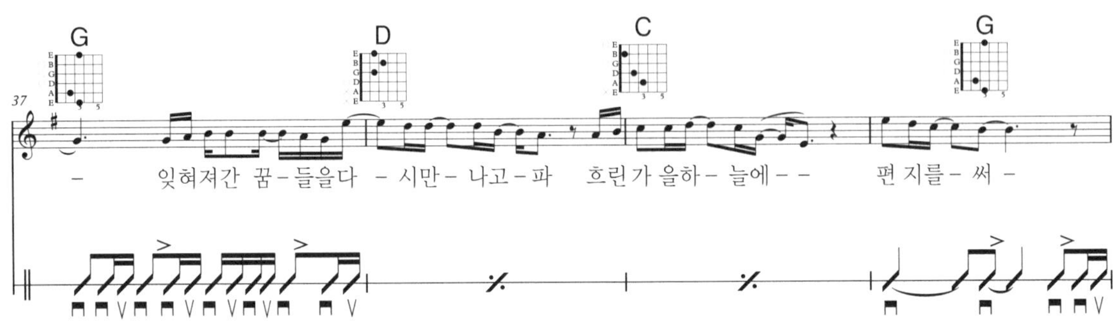

G D C G
37
- 잊혀져간 꿈-들을다-시만-나고-파 흐린가 을하-늘에- - 편 지를-써-

G D C G D/F#
41
음 잊혀져간 꿈-들을다-시만-나고-파 흐린가 을하-늘에- - 편 지를-써-

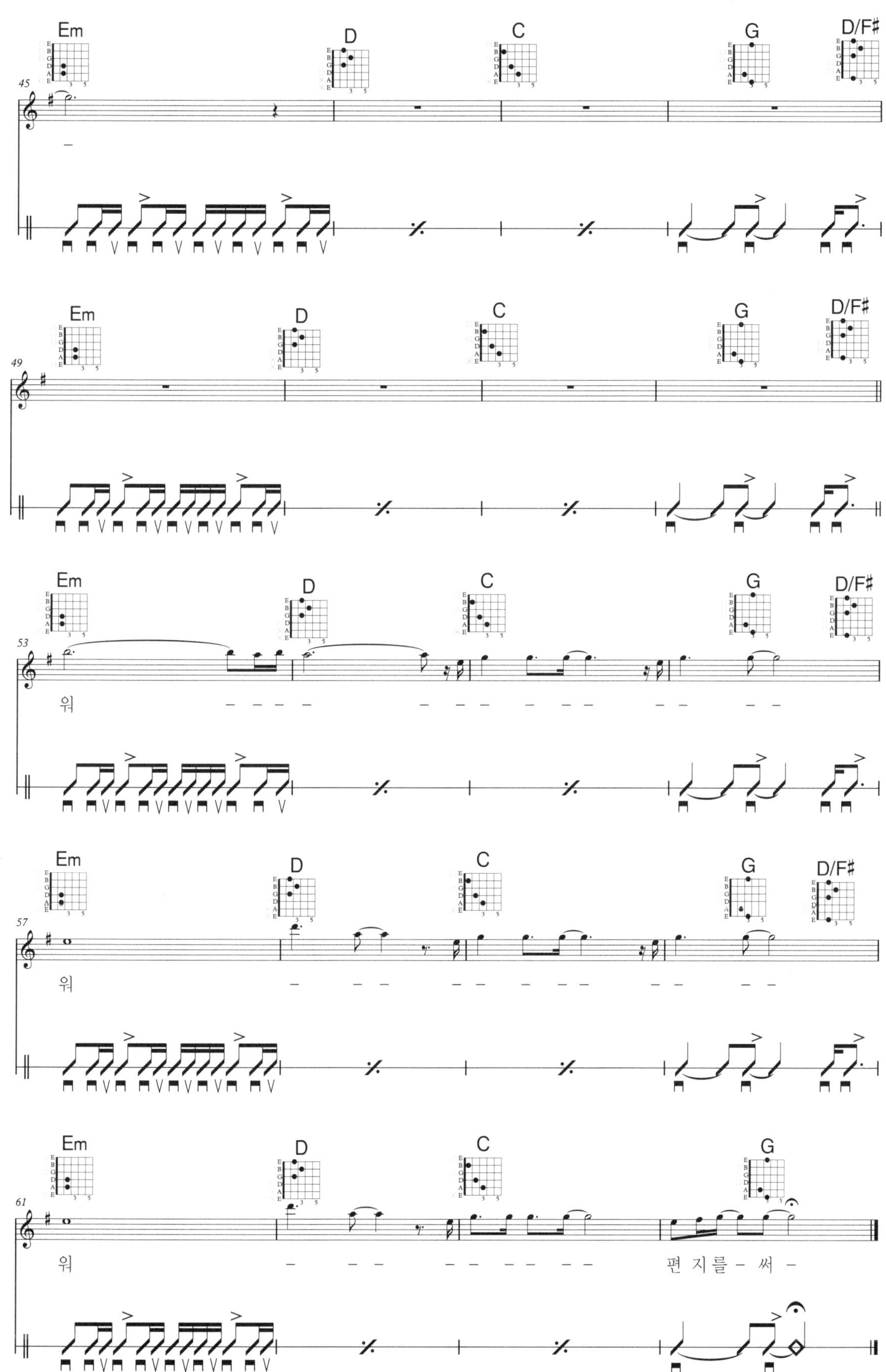

Em
D
C
G
D/F#
워
편 지 를 써
흐린 가을 하늘에 편지를 써
221

김광석, 우리들의 삶을 노래하다

아티스트송북 김광석
- GUITAR -

발행일 2018년 7월 9일
편곡 이상진

발행인 최우진
편집책임 윤영란 · **편집진행** 유경아 · **디자인** 이효정
마케팅 현석호, 신창식 · **재무관리** 남영애

발행처 스코어
출판등록 2012년 6월 7일 제 313-2012-196호
주소 서울시 마포구 동교로 13길 34(04003)
전화 02)333-3705 · **팩스** 02)333-3748

ISBN 979-11-5780-178-7-13670